CUISINE
pour tous les jours

PATRICE DARD

CUISINE pour tous les jours

BRIMAR

Conception graphique Zapp

Photographies J. F. Amann
R. Wilson
D. Czap
M. Bodson

338, est rue Saint-Antoine
Montréal, Québec, Canada H2Y 1A3
Téléphone : (514) 954-1441
Télécopieur : (514) 954-1443

ISBN 2-920845-60-8
Imprimé aux États-Unis

INTRODUCTION

Alors que le marché regorge de livres de cuisine de toutes sortes, vous pouvez vous demander pourquoi j'ai entrepris cet imposant volume de 448 pages qui contient un nombre impressionnant de recettes et plus de 700 photos.

Pour être franc, c'est sous l'impulsion du public que je me suis lancé dans cette colossale aventure.

Souvent on me demandait de traiter la cuisine dans son ensemble, de donner des conseils pratiques et d'expliquer des tours de main avec photos à l'appui, en tenant compte du mode de vie actuel qui laisse peu de temps à la préparation de repas sophistiqués et des produits que l'on peut facilement trouver dans les grandes surfaces.

Après mûre réflexion et beaucoup de travail, avec la complicité d'un éditeur courageux et de photographes de talent, je vous présente, en guise de réponse, avec tout l'amour que je porte à la cuisine et le désir profond de vous faire partager mes connaissances et ma passion, ce livre à la fois simple, complet, rempli de trucs et d'astuces.

Patrice Dard

TABLE DES MATIÈRES

LES ENTRÉES 8

POISSONS, CRUSTACÉS ET COQUILLAGES [illegible]

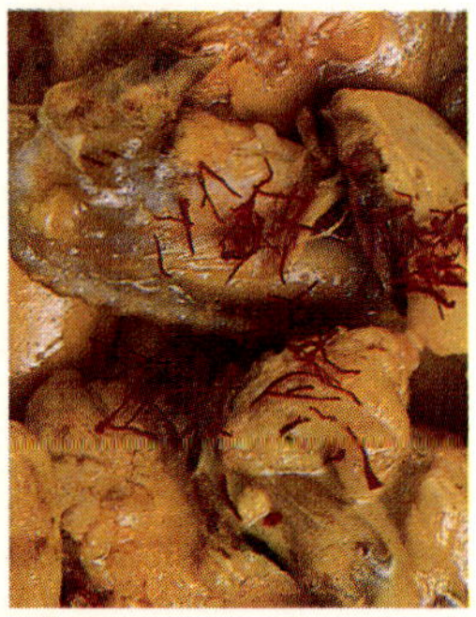

LES VOLAILLES 146

ABRÉVIATIONS

c	=	cuillère à café	g	=	gramme
C	=	cuillère à soupe	kg	=	kilogramme
cl	=	centilitre	min	=	minute
L	=	litre	h	=	heure
			cm	=	centimètre

LES ENTRÉES

CRÈME DE TOMATE ET RIZ

pour 8 personnes

1 L	de bouillon de poule
75 cl	de coulis de tomate
200 g	de tomates hachées
100 g	de beurre
1	petit oignon haché fin
1	grosse carotte hachée fin
2	branches de céleri hachées fin
200 g	de farine
75 cl	de crème épaisse
250 g	de riz cuit
	poivre
	sel

■ Dans une casserole, faites chauffer le bouillon de poule, le coulis de tomate et les tomates. Réservez.

■ Dans une marmite, faites chauffer le beurre. Faites-y sauter les légumes jusqu'à ce qu'ils soient tendres.

■ Ajoutez la farine et faites cuire 2 min.

■ Ajoutez la crème et laissez mijoter jusqu'à épaississement.

■ Au fouet, incorporez lentement le bouillon de tomates. Ajoutez le riz et les assaisonnements.

■ Servez immédiatement.

SOUPE DE POISSON À LA PROVENÇALE

pour 6 personnes

15 cl	**d'huile d'olive**
1	**carotte hachée fin**
2	**oignons hachés fin**
1,5 kg	**de poisson blanc à chair ferme**
1	**feuille de laurier**
400 g	**de tomates pelées, épépinées et hachées**
1 L	**de bouillon de poisson**
1	**douzaine de palourdes**
1	**douzaine de moules**
2	**douzaines de crevettes, décortiquées**
2	**poivrons coupés en petits cubes**
	sel
	poivre
	paprika
	safran

■ Faites chauffer l'huile d'olive dans une grande marmite ou dans une cocotte. Faites-y sauter les carottes et les oignons, jusqu'à ce qu'ils soient tendres.

■ Découpez le poisson en lanières de 2,5 cm de largeur. Mettez les lanières dans la marmite et cuisez 5 min.

■ Ajoutez la feuille de laurier, les tomates et le bouillon de poisson. Couvrez et faites chauffer doucement 20 min, sans laisser bouillir.

■ Ajoutez les fruits de mer, les poivrons et les assaisonnements.

■ Faites chauffer encore 10 min avant de savourer.

SOUPE DE POULET AUX POIREAUX

pour 8 personnes

1	**poulet de 1 kg**
2 L	**de bouillon de poule**
6	**blancs de poireaux**
40 g	**de beurre**

- Faites mijoter le poulet dans le bouillon de poule, à feu doux, pendant 2 h 30.
- Ajoutez de l'eau pour garder le niveau du liquide. Retirez le poulet et filtrez le bouillon.
- Désossez le poulet. Découpez la chair en cubes.
- Coupez les poireaux en julienne.
- Faites chauffer le beurre dans une marmite. Faites-y sauter les poireaux jusqu'à ce qu'ils soient tendres.
- Ajoutez les cubes de poulet et le bouillon. Portez de nouveau à ébullition.
- Servez très chaud.

POTAGE AUX CAROTTES

pour 6 personnes

500 g	**de carottes**
1	**oignon**
15 g	**de beurre**
1,2 L	**d'eau bouillante**
1 C	**de persil haché**
1 C	**de ciboulette hachée**
	sel
	poivre
15 g	**de sucre**
15 cl	**de crème fraîche**

■ Épluchez les carottes et pelez les oignons. Coupez-les en dés.

■ Faites fondre le beurre dans une grande casserole et faites-y cuire les oignons à l'étuvée pendant 2 min, puis les carottes pendant 2 nouvelles minutes.

■ Ajoutez l'eau bouillante. Salez, poivrez et faites cuire pendant 30 min.

■ Ajoutez le sucre. Passez le tout au mixer pour liquéfier et reversez le potage dans la casserole.

■ Ajoutez la crème. Portez à ébullition en remuant sans arrêt.

■ Parsemez de persil et de ciboulette, et décorez de copeaux de carottes blanchis.

SOUPE À L'OIGNON GRATINÉE

pour 8 personnes

1	**baguette de pain**
50 g	**de beurre**
350 g	**d'oignons émincés**
50 g	**de farine**
1,25 L	**de bouillon de bœuf dégraissé**
	sel
	poivre
250 g	**de gruyère râpé**
100 g	**de parmesan râpé**

■ Préchauffez le four à 180°

■ Coupez la baguette en tranches d'environ 1,5 cm d'épaisseur.

■ Faites-la griller au four 25 à 30 min, jusqu'à ce que le pain soit sec et légèrement bruni. Réservez.

■ Faites fondre le beurre dans une casserole. Faites-y dorer les oignons à feu doux, en remuant de temps en temps, soit environ 30 min.

■ Saupoudrez les oignons de farine et faites cuire 2 min en remuant.

■ Ajoutez le bouillon, le sel et le poivre. Laissez mijoter environ 30 min.

■ Versez la soupe dans les bols, recouvrez d'une tranche de pain grillé. Mélangez les fromages et parsemez-en le pain grillé.

■ Mettez sous le gril du four jusqu'à ce qu'il y ait un léger bouillonnement et une coloration dorée.

■ Savourez de suite.

CONSOMMÉ TOMATÉ AUX FINES HERBES

pour 6 à 8 personnes

1 L	**de bouillon de poule**
4	**tomates**
1	**blanc d'œuf légèrement battu**
2 C	**de jus de citron**
	persil
	thym
	ciboulette
	estragon
1	**feuille de laurier**
	sel
	poivre

- Mélangez tous les ingrédients. Portez le tout à ébullition en remuant.
- Laissez ensuite mijoter pendant environ 1 h, à feu très doux, sans remuer.
- Passez dans une passoire en pressant les tomates.
- Réchauffez de nouveau. Garnissez le consommé de persil.
- Servez le consommé chaud, avec ou sans croûtons.

POTAGE AU BROCOLI

pour 6 à 8 personnes

50 cl	**de bouillon de poule**
500 g	**de brocoli**
2	**oignons moyens émincés**
3	**pommes de terre pelées et tranchées**
50 cl	**de lait**
	sel
	poivre
	thym
	persil

■ Dans une casserole, portez le bouillon de poule à ébullition.
■ Lavez le brocoli. Séparez les bouquets et coupez le pied en fines lanières.
■ Incorporez les oignons, les pommes de terre et le brocoli au bouillon chaud. Couvrez et laisser mijoter 10 à 15 min.
■ Réduisez la soupe en purée en la passant au mixer. Remettez-la dans la casserole et ajoutez le lait, le sel, le poivre et le thym.
■ Réchauffez en remuant, mais évitez de faire bouillir. Garnissez de persil et servez chaud.

POTAGE
À LA LAITUE

pour 6 à 8 personnes

2	**pommes de terre moyennes coupées en petits dés**
100 g	**d'oignons hachés**
2	**laitues**
	ciboulette
1,25 L	**de bouillon de poule**
	sel
	poivre
1 c	**muscade**

- Faites cuire les pommes de terre, les oignons, les laitues et la ciboulette pendant environ 5 min.
- Ajoutez le bouillon. Salez et poivrez. Ajoutez la muscade. Laissez mijoter 20 min.
- Passez le tout au mixer pour liquéfier.
- Réchauffez et servez.

VELOUTÉ DE RADIS ROSES

pour 6 à 8 personnes

50 g	**de beurre**
4	**pommes de terre émincées**
2	**bottes de radis émincés**
50 g	**de farine**
1 L	**de bouillon de poule**
20 g	**de concentré de tomate**
	sel
1 C	**de ciboulette hachée**
15 cl	**de crème épaisse**
3	**jaunes d'œufs**
1	**petite botte de persil haché**

■ Dans une casserole, faites fondre le beurre. Faites suer, à feu doux, les pommes de terre et les radis émincés, jusqu'à ce qu'ils aient rendu toute leur eau.

■ Ajoutez la farine et mélangez bien. Versez le bouillon de poule et ajoutez le concentré de tomate, la ciboulette et le sel. Laissez cuire pendant 30 min.

■ Passez le tout au mixer pour liquéfier.

■ Remettez dans la casserole. Ajoutez la crème et faites bouillir quelques minutes. Retirez du feu.

■ Dans un petit bol, délayez les jaunes d'œufs avec un peu de soupe. Tout en fouettant, versez le mélange en filet dans le velouté rosé.

■ Ajoutez le persil juste avant de servir. Ne poivrez pas.

POTAGE DE CAROTTES À L'ORANGE

pour 8 personnes

750 g	**de carottes**
250 g	**de pommes de terre**
2	**gros oignons**
45 g	**de beurre**
	eau bouillante
25 cl	**de crème**
50 cl	**de lait**
45 g	**de beurre**
	sarriette
	sel
	poivre
	le zeste râpé de 1 orange

■ Épluchez et coupez en dés les carottes et les pommes de terre. Pelez et émincez les oignons.

■ Dans une casserole, faites fondre le beurre. Ajoutez les oignons, couvrez et laissez mijoter pendant 10 min à feu doux.

■ Ajoutez les légumes préparés. Recouvrez-les d'eau bouillante. Salez.

■ Couvrez la casserole et laissez cuire 30 min à feu moyen, jusqu'à ce que les légumes soient tendres.

■ Ajoutez le reste des ingrédients. Faites cuire à feu doux 5 min, sans faire bouillir.

■ Servez immédiatement.

GASPACHO AUX CONCOMBRES ET À LA CRÈME

pour 6 à 8 personnes

2	**gros concombres pelés et coupés en dés**
3	**cornichons à la russe**
1 C	**d'aneth haché**
25 cl	**de crème épaisse**
	sel
	poivre
60 g	**d'oignon râpé**
5 cl	**de jus de citron**
1	**concombre tranché fin**
	de ciboulette hachée
	brins d'aneth (pour le décor)

■ Dans le bol du robot ménager, mettez les concombres, les cornichons, l'aneth et la crème épaisse. Mélangez jusqu'à l'obtention d'un mélange homogène.

■ Versez dans une soupière glacée. Incorporez le sel, le poivre, l'oignon râpé et le jus de citron.

■ Blanchissez de fines tranches de concombre en les plongeant dans de l'eau bouillante pendant 1 min. Passez-les sous l'eau froide et garnissez-en le gaspacho.

■ Saupoudrez de ciboulette et décorez de quelques brins d'aneth.

CHAMPIGNONS FARCIS AUX CHAMPIGNONS

pour 6 personnes

6	**gros champignons de Paris**
50 g	**de beurre**
250 g	**de petits champignons de Paris**
2	**échalotes hachées**
4 C	**de vermouth sec**
250 g	**de sauce blanche**
6	**grosses crevettes**
	persil

- Préchauffez le four à 210°.
- Nettoyez et retirez les queues des gros champignons, ne gardez que les têtes.
- Faites-les dorer et cuire 15 min dans 25 g de beurre.
- Épluchez et coupez en petits morceaux les autres champignons et faites-les cuire 10 min dans 25 g de beurre avec les échalotes et le vermouth.
- Ajoutez la sauce blanche.
- Farcissez les têtes de champignons.
- Disposez une crevette décortiquée sur chaque champignon.
- Enfournez 10 min pour dorer.

MOUSSELINE DE POULET

pour 6 personnes

Servez avec des brochettes de saucisses et ananas.

500 g	**de filets de poulet**
150 g	**de crème fraîche**
75 g	**de gruyère rapé**
300 g	**de béchamel**
4	**jaunes d'œufs**
	sel et poivre
6	**blancs d'œufs**
50 g	**de chapelure**

- Broyez le poulet au mixer.
- Dans un saladier, mélangez le poulet, la crème fraîche, le gruyère rapé.
- Ajoutez la béchamel, les jaunes d'œufs, le sel, le poivre et les blancs en neige.
- Formez un boudin avec cette préparation et roulez-le dans une feuille d'aluminium beurrée.
- Faites cuire 30 min à la vapeur.
- Laissez refroidir avant de retirer l'aluminium.
- Roulez délicatement dans la chapelure et découpez en rondelles.

CRÊPES FOURRÉES À LA BRETONNE

pour 2 personnes

Crevettes, champignons et fromage se marient toujours très bien, et particulièrement dans cette crêpe savoureuse, originaire de Bretagne.

Préparez les crêpes sur la cuisinière.

Dans un bol, mélangez tous les ingrédients de la farce.

Garnissez les crêpes de farce, puis roulez-les.

2	**crêpes de blé non sucrées**
100 g	**de petits champignons de couche**
½	**citron**
150 g	**de petites crevettes décortiquées**
4 C	**de fromage râpé**
4 C	**de riz cuit**
4 C	**de sauce cocktail**
½ c	**de paprika**
2 c	**de ciboulette hachée**
½ c	**de poivre**
¼ c	**de sel**

■ Achetez des crêpes ou préparez-les sur la cuisinière, dans une poêle.
■ Préchauffez le four à 175°.
■ Lavez les champignons, émincez-les finement, puis citronnez-les pour les empêcher de noircir.
■ Égouttez les crevettes. Hachez la ciboulette.
■ Dans un bol, mélangez soigneusement les crevettes, les champignons, le fromage râpé, le riz cuit, la sauce cocktail, le paprika, la ciboulette hachée, le poivre et le sel.
■ Faites cuire au four environ 20 min, couvert, puis laissez tiédir la farce.
■ Étalez les crêpes sur un plan de travail, garnissez-les de farce cuite, puis roulez-les.
■ Disposez les crêpes sur une tôle à pâtisserie, recouvrez de papier d'aluminium et réchauffez 10 min au four.

MUFFINS À LA TOMATE ET ANANAS

pour 4 personnes

U*n en-cas original et délicieux.*

½	**concombre**
1	**tomate**
50 g	**de beurre**
	sel et poivre
2	**muffins**
2	**grosses tranches d'ananas**

■ Coupez le concombre en petits dés et la tomate en rondelles de 1 cm d'épaisseur.

■ Faites revenir la tomate et le concombre dans la moitié du beurre pendant 10 min, salez et poivrez.

■ Dans une poêle, faites fondre le reste de beurre et mettez-y à dorer les muffins coupés en deux.

■ Disposez sur chaque moitié une rondelle de tomate, un peu de concombre et un morceau d'ananas.

MOULES MARINIÈRE

pour 6 personnes

2 L	**de moules**
100 g	**de beurre**
1	**échalote**
2 dl	**de vin blanc**
	poivre
1	**branche de céleri**
	persil

- Grattez et lavez les moules.
- Dans une casserole, faites fondre le beurre et faites revenir l'échalote émincée.
- Ajoutez les moules, le vin blanc, le poivre et le céleri coupé en petits dés, ainsi que le persil.
- Couvrez la casserole.
- Remuez souvent.
- Quand les moules sont toutes ouvertes, servez sans délai.

ROULEAUX AU CRABE

pour 4 personnes

Voilà une utilisation intéressante de ces excellents bâtonnets de chair de poisson, de morue en général, parfumée au crabe. On peut également confectionner ce plat avec des pattes de crabe décortiquées.

1	**petite laitue**
20	**fines tranches de concombre**
20	**feuilles de menthe fraîche**
2 c	**d'ail haché**
2 C	**de ciboulette hachée**
10	**bâtonnets de poisson au crabe ou de chair de crabe**
10	**fines tranches de bacon**
15 cl	**de sauce soja**
2 C	**de vinaigre**
15 cl	**d'eau fraîche**
½ c	**de poivre**
½ c	**de gingembre en poudre**

■ Préchauffez le four à 190°.

■ Lavez la laitue, parez-la et effeuillez-la.

■ Préparez le concombre, la menthe, l'ail et la ciboulette.

■ Enroulez les bâtonnets de chair de crabe ou de poisson parfumé au crabe dans les tranches de bacon. Coupez-les en deux au préalable pour pouvoir confectionner deux petits rouleaux avec chacun.

■ Enfournez environ 15 min, ou jusqu'à ce que les tranches de bacon soient cuites.

■ Pendant ce temps, préparez la sauce : mélangez la sauce soja, le vinaigre, l'eau, l'ail et la ciboulette hachée, le poivre et le gingembre.

■ Servez comme des rouleaux de printemps, enveloppés d'une feuille de laitue, avec une feuille de menthe et une tranche de concombre. Passez la sauce en petits plats individuels, pour que chacun puisse y tremper ses rouleaux.

■ Les amateurs de saveurs vietnamiennes peuvent couper par moitié la sauce soja de nuoc-mâm.

Préparez tous les ingrédients : laitue, bâtonnets de crabe, bacon, menthe et concombre.

Enroulez les bâtonnets de crabe dans de fines tranches de bacon.

SAUCES POUR CRUDITÉS

pour 6 personnes

Ces sauces se dégustent avec un assortiment de crudités.

Sauce à la crème aigre

125 g	de crème aigre
2 C	de raifort
	le jus de ½ citron
	sel, poivre, persil

Sauce au concombre et yaourt

½	concombre émincé finement
2	yaourts
2	gousses d'ail hachées
	tabasco, sel, poivre

Sauce aux pommes et céleri

1	branche de céleri haché
1	pomme épluchée et coupée en petits morceaux
200 g	de mayonnaise
50 g	de crème
50 g	de raisins de Corinthe hachés
	sel et poivre

- Pour chaque sauce, mélangez tous les ingrédients.
- Pour la présentation, versez les sauces dans des demi-poivrons de couleurs différentes.

TERRINE DE TRUITES BLANCHE ET ROSE

pour 4 personnes

2	**truites de rivière à chair blanche de 500 g**
250 g	**de crème fraîche**
2	**jaunes d'œufs**
	sel et poivre
1	**truite de mer de 500 g à chair rose**
	le jus de 1 citron

- Préchauffez le four à 210°.
- Hachez finement la chair de truite blanche.
- Ajoutez la crème, les jaunes d'œufs, le sel et le poivre.
- Travaillez pour rendre le mélange onctueux.
- Détaillez les filets de truite de mer en fines lamelles que vous faites mariner avec le jus de citron, du sel et du poivre.
- Beurrez une terrine et garnissez le fond de la moitié de la mousse de truite blanche.
- Couvrez avec la truite rose et terminez par la truite blanche.
- Couvrez d'une feuille d'aluminium et faites cuire au bain-marie pendant 30 min, au four.
- Démoulez après plusieurs heures de refroidissement.

ŒUFS BROUILLÉS AUX POINTES D'ASPERGES

pour 2 personnes

La cuisson des œufs brouillés étant affaire de goût, les amateurs d'œufs baveux peuvent réduire légèrement le temps de cuisson.

Vous pouvez utiliser des asperges blanches, violettes ou vertes ou même, en saison, d'exquises petites asperges sauvages. Les pointes d'asperges en conserve peuvent également convenir.

Cassez les œufs dans un bol. Battez-les.

10	**pointes d'asperges**
4	**œufs**
2 C	**de crème à fouetter**
4 C	**de lait**
½ c	**de poivre**
½ c	**de sel**
2 c	**de beurre**

- Faites cuire les asperges.
- Cassez les œufs dans un bol. Battez-les. Si vous aimez vos œufs moelleux, passez-les au chinois.
- Ajoutez-leur la crème, le lait, le poivre et le sel. Remuez.
- Ajoutez les pointes d'asperges cuites coupées en deux.
- Faites fondre le beurre dans un poêlon antiadhésif. Versez-y la préparation.
- Faites cuire à feu moyen environ 8 min.
- Remuez à mi-cuisson.

TERRINE DE FOIES DE VOLAILLE

pour 8 à 10 personnes

■ Préchauffez le four à 180°.

■ Placez-y un bain-marie.

■ Faites macérer les foies de volaille, salés et poivrés, dans le porto.

■ Mettez la mie de pain à tremper dans le vin blanc.

■ Pendant ce temps, préparez une farce en hachant finement la chair à saucisse, le bacon et le jambon de Bayonne.

■ Incorporez la mie de pain et le vin blanc, puis le tiers des foies ainsi que leur marinade. Hachez de nouveau et assaisonnez à convenance.

■ Garnissez la terrine de barde de lard et mettez une couche de farce, puis une couche de foie, puis une couche de farce, etc., en terminant par une couche de farce.

■ Bardez le dessus.

■ Placez le couvercle de la terrine et cuisez pendant 1 h 15 au bain-marie dans le four.

■ Laissez refroidir avant de démouler.

■ Otez les bardes et roulez délicatement dans le poivre en grains.

600 g	**de foies de volaille**
	sel et poivre au goût
1	**verre à liqueur de porto**
100 g	**de mie de pain**
1	**petit verre de vin blanc**
400 g	**de chair à saucisse**
4	**tranches de bacon**
3	**tranches de jambon de Bayonne**
1	**barde de lard**
1	**pot de poivre en grains**

TARTELETTES AU JAMBON ET AUX CORNICHONS

pour 10 personnes

500 g	de pâte brisée
40 g	de beurre
250 g	de jambon cuit coupé en cubes
12	petits cornichons émincés
1	oignon émincé
2	branches de céleri émincées
2 C	de persil haché
3	œufs durs hachés
	sel
	poivre
3	œufs
25 cl	de lait
100 g	d'emmental râpé

■ Préchauffez le four à 180°.

■ Foncez des moules à tartelettes de pâte brisée. Dans une casserole, faites fondre le beurre et faites sauter, à feu doux, le jambon, les cornichons, l'oignon et le céleri pendant environ 5 min.

■ Ajoutez le persil et les œufs durs. Retirez du feu. Assaisonnez et remplissez les tartelettes aux 3⁄4 de leur capacité.

■ Dans un bol, battez les œufs, le lait et l'emmental râpé. Versez le mélange dans les tartelettes et enfournez pendant 20 à 25 min.

FRIANDS AU BŒUF HACHÉ

pour 24 friands

½ c	**de sel**
250 g	**de farine tamisée**
150 g	**de beurre**
25 cl	**d'eau**
500 g	**de bœuf maigre, haché**
3	**pommes de terre émincées**
1	**oignon émincé**
	sel
	poivre
1 C	**d'eau**

■ Préchauffez le four à 180°.

■ Mélangez ½ c de sel à la farine. Amalgamez le beurre au mélange. Ajoutez 25 cl d'eau et pétrissez en une pâte consistante.

■ Abaissez la pâte à 3 mm d'épaisseur et découpez-la en rondelles de 15 cm de diamètre.

■ Mélangez le bœuf haché, les pommes de terre, l'oignon, du sel, du poivre et 1 C d'eau.

■ Déposez un peu de farce au centre de chaque rondelle.

■ Repliez la pâte et soudez bien les bords avec une fourchette.

■ Enfournez pour 1 h 15.

CROQUETTES PARMESANES

pour 6 à 8 personnes

100 g	**de beurre**
120 g	**de farine**
2	**pincées de sel**
40 cl	**de lait**
300 g	**de parmesan râpé**
2	**œufs battus**
	chapelure
	huile de friture

■ Dans une casserole moyenne, faites fondre le beurre. Ajoutez la farine et le sel. Faites cuire pendant 3 à 5 min à feu moyen, en remuant continuellement. Ajoutez le lait graduellement, toujours en remuant.

■ Faites cuire jusqu'à ce que le mélange épaississe. Ajoutez le parmesan. Faites cuire en remuant jusqu'à ce qu'il soit fondu.

■ Versez dans un plat beurré. Couvrez d'un papier d'aluminium et mettez au réfrigérateur.

■ Au moment de servir, coupez en morceaux. Trempez les morceaux dans les œufs battus, passez-les dans la chapelure et mettez-les à frire dans l'huile.

■ Égouttez sur du papier absorbant et savourez avec une bonne salade.

RAVIOLI FRITS

pour 4 personnes

pour la pâte

1	**œuf**
6 C	**d'eau**
225 g	**de farine**

pour la farce

250 g	**de viande de porc hachée**
1 C	**de sauce soja**
1 c	**de sucre**
1 c	**de sel**
1 c	**de gingembre**
200 g	**d'épinards congelés**
	huile de friture

■ Battez l'œuf dans un saladier. Ajoutez l'eau, bien mélanger.
■ Ajoutez la farine, travaillez pour obtenir une pâte lisse. Couvrez d'un linge et laissez reposer 30 min.
■ Incorporez la viande à la sauce de soja, le sucre, le sel et le gingembre. Bien mélanger et laissez reposer 10 min au frais.
■ Abaissez la pâte sur 1 ½ mm sur une planche à pâtisserie farinée. Coupez-la en carrés de 5 cm de côté.
■ Pressez les épinards pour éliminer l'excédent d'eau, les ajouter à la viande. Mélangez soigneusement la farce.
■ Mettez une portion de farce au milieu de chaque carré de pâte. Formez les ravioli en soudant les coins opposés.
■ Faites frire ces ravioli 5 min environ à l'huile.

BARQUETTE AU JAMBON ET AU FROMAGE

pour 4 personnes

1	**abaisse de pâte feuilletée surgelée**
1	**jaune d'œuf**
1 C	**de lait**
180 g	**de jambon**
2 C	**de confiture de pêches**
2 C	**de moutarde forte**
125 g	**de fromage râpé**

- Préchauffez le four à 180°.
- Faites dégeler la pâte feuilletée.
- Mélangez le jaune d'œuf et le lait. Badigeonnez-en les extrémités de la pâte feuilletée.
- Repliez la pâte dans le sens de la longueur. Soudez les bords. Entaillez légèrement le milieu et donnez-lui la forme d'une barque. Tapissez le fond et les côtés de jambon.
- Mélangez la confiture de pêches et la moutarde. Couvrez-en le jambon. Parsemez de fromage râpé. Badigeonnez les bords de la pâte avec le mélange d'œuf et de lait.
- Enfournez 10 à 12 min, ou jusqu'à une légère coloration.

ENTREMETS AUX CREVETTES

pour 6 personnes

200 g	**de crevettes (bouquet)**
½	**concombre**
2	**carottes cuites**
100 g	**de fromage blanc**
10 cl	**de crème fraîche**
	sel et poivre
5	**feuilles de gélatine**
½	**verre de vin blanc**

- Décortiquez les crevettes.
- Passez-les au mixer avec le concombre et les carottes.
- Dans un saladier, mélangez le fromage blanc, la crème, le mélange de crevettes, le sel et le poivre.
- Ajoutez la gélatine préalablement fondue dans le vin blanc.
- Versez la préparation dans un bol et mettez au frais 12 h.
- Démoulez et savourez avec une sauce cocktail.

TARTELETTES AU SAUMON FUMÉ

pour 6 personnes

Une entrée agréable que vous pourrez aussi réaliser à l'occasion d'un buffet avec des mini-fonds de tartelettes de la valeur d'une bouchée.

250 g	**de pâte brisée**
3	**tranches de saumon fumé**
15 cl	**de crème fraîche**
2 C	**de raifort**
1	**petit pot d'œufs de lump rouges**

- Préchauffez le four à 210°.
- Étalez la pâte et tapissez-en le fond de 6 petits moules à tarte.
- Piquez et recouvrez d'une feuille d'aluminium.
- Enfournez pour 10 min.
- Pendant ce temps, découpez le saumon en fines lamelles.
- Fouettez la crème pour qu'elle double de volume.
- Mélangez la crème au raifort.
- Quand les fonds de tartelettes sont cuits et refroidis, disposez dessus du saumon, recouvrez avec la crème et décorez avec les œufs de lump.

FONDS D'ARTICHAUTS AUX COQUILLES SAINT-JACQUES

pour 6 à 8 personnes

8	**fonds d'artichauts moyens**
	sel
	poivre
400 g	**de coquilles St-Jacques**
50 g	**de beurre**
8	**échalotes hachées**
3 C	**de persil haché**
1 C	**de ciboulette hachée**
5 cl	**de vin blanc sec**
25 cl	**de crème épaisse**

■ Préchauffez le four à 180°.

■ Égouttez les fonds d'artichauts et placez-les sur une plaque beurrée. Enfournez-les pendant 10 min. Salez et poivrez.

■ Entre-temps, émincez les coquilles Saint-Jacques. Réservez.

■ Faites fondre le beurre dans une casserole. Ajoutez les coquilles Saint-Jacques et tous les autres ingrédients, sauf la crème. Quand les coquilles Saint-Jacques sont cuites, retirez-les du bouillon et placez-les dans les fonds d'artichauts. Remettez au four à chaleur minimum.

■ Faites réduire le jus de cuisson à feu vif. Quand il reste juste un fond de liquide dans la casserole, ajoutez la crème et laissez cuire jusqu'à la consistance désirée.

■ Disposez les fonds d'artichauts dans les assiettes et nappez-les généreusement de sauce.

CANNELLONI AUX CREVETTES

pour 6 à 8 personnes

32	**cannelloni**
250 g	**de crevettes**
2	**gousses d'ail hachées**
4 C	**de persil haché**
15 cl	**de sauce tomate**
2	**œufs**
½ c	**muscade**
1 C	**de ciboulette hachée**
	sel
	poivre
30 g	**de beurre**
25 cl	**de bouillon de poule**
75 g	**de chapelure**
2 c	**de basilic haché**
	vinaigrette

■ Faites cuire les cannelloni dans de l'eau bouillante salée. Passez-les sous l'eau pour les refroidir. Égouttez-les et réservez.

■ Préchauffez le four à 180°.

■ Pressez les crevettes dans un linge pour enlever toute leur eau. Mettez-les dans un robot ménager avec tous les autres ingrédients, à l'exception du beurre, du bouillon de poule, de la chapelure, du basilic et de la vinaigrette.

■ Mélangez jusqu'à l'obtention d'une mousse bien lisse. Versez la mousse de crevettes dans une poche à douille et remplissez-en les cannelloni.

■ Disposez-les côte à côte dans un plat à gratin légèrement beurré. Ajoutez le bouillon de poule et saupoudrez de chapelure. Garnissez de petites noisettes de beurre.

■ Enfournez pour environ 30 min.

■ À la sortie du four, égouttez-les. Nappez-les ensuite de la vinaigrette légèrement réchauffée. Garnissez de basilic frais haché.

HUÎTRES AUX FROMAGES

pour 6 personnes

5 cl	**de sauce chili**
75 g	**de raifort, chaud**
36	**huîtres**
150 g	**de cheddar râpé**
150 g	**de mozzarella râpée**
	chapelure

- Préchauffez le four à 220°.
- Mélangez la sauce chili et le raifort chaud.

- Ouvrez les huîtres et égouttez-les.

- Détachez la chair des huîtres sans la sortir de la coquille. Jetez la partie plate de la coquille. Mélangez les fromages râpés.

- Recouvrez chaque huître de 1 c du mélange à la sauce chili et parsemez de fromage.

- Saupoudrez de chapelure et faites gratiner au four.

TOMATES FARCIES AU RIZ ET AUX MOULES

pour 6 à 8 personnes

Variante froide : Vous pouvez remplacer le gruyère râpé par 25 cl de mayonnaise. Ne faites pas cuire.

4	**grosses tomates**
30	**moules de bouchots**
100 g	**de riz**
250 g	**de macédoine de légumes**
100 g	**gruyère rapé**

- Préchauffez le four à 180°.
- Coupez les tomates en deux et évidez-les. Passez la chair au robot ménager et versez le jus obtenu dans une grande casserole.
- Ajoutez les moules, couvrez et laissez cuire à feu vif jusqu'à ce que les coquilles soient ouvertes.
- Décortiquez les moules cuites et réservez-les.
- Filtrez le jus de cuisson. Utilisez ce jus pour faire cuire le riz. Ajoutez de l'eau, au besoin. Laissez refroidir.
- Mélangez tous les ingrédients et farcissez-en les tomates.
- Enfournez 10 min.

GRATIN
À L'HAWAÏENNE

pour 2 personnes

L'ananas, fruit aussi savoureux que diététique, donne un parfum hawaïen à ce gratin. Souvenons-nous que les îles Hawaï s'appelaient avant « îles Sandwich »...!

2	**tranches d'ananas**
2 c	**de maïzena ou arrow-root**
½	**poivron rouge**
½	**poivron vert**
120 g	**de jambon cuit**
2 c	**de pistaches décortiquées**
2 C	**de parmesan rapé**
2 C	**de crème à fouetter**
½ c	**de poivre**
¼ c	**de sel**

- Préchauffez le four à 200°.
- Tranchez l'ananas et décortiquez-le en en conservant le jus.
- Délayez la maïzena ou l'arrow-root dans ce jus.
- Coupez les poivrons en petits cubes et le jambon en fines lanières.
- Dans un bol, mélangez les cubes de poivrons, les lanières de jambon, les pistaches, le parmesan râpé, la crème, le poivre et le sel.
- Ajoutez la maïzena (ou l'arrow-root) délayée. Mélangez bien.
- Dans le plat à gratin, déposez les tranches d'ananas.
- Garnissez de l'appareil au jambon.
- Enfournez environ 15 min.
- Servez bien chaud.

Les ingrédients de cette recette très simple, et notamment l'ananas, doivent être de bonne qualité et de parfaite fraîcheur.

Tranchez l'ananas et décortiquez-le. Découpez les poivrons en petits cubes et le jambon en fines lanières.

Dans un bol, mélangez tous les ingrédients.

LÉGUMES À LA GRECQUE

pour 4 à 5 personnes

Cette entrée, empruntée à la cuisine grecque et adaptée, sera encore plus typique si l'on ajoute quelques gouttes d'ouzo, liqueur anisée de Grèce, dans la sauce.

12 cl	**de jus de tomate**
4 C	**de vinaigre**
2 C	**de jus de citron**
4 C	**de sucre en poudre**
2 C	**de persil haché**
2 c	**de grains de coriandre**
8	**traits de sauce tabasco**
½ c	**de sel**
8	**olives noires**
50 g	**de petits champignons**
125 g	**de petits oignons blancs**
100 g	**de chou-fleur en bouquet**
2 C	**d'huile d'olive**
4 c	**de maïzena ou arrow-root**
4 C	**de vin blanc sec**

- Préparez d'abord la sauce : mélangez le jus de tomate, le vinaigre, le jus de citron, le sucre en poudre, le persil haché, les grains de coriandre, la sauce tabasco et le sel.
- Dénoyautez les olives ou procurez-vous des olives déjà dénoyautées.
- Mélangez les légumes et les olives dans le plat de cuisson.
- Versez-y la sauce.
- Arrosez d'huile d'olive.
- Délayez la maïzena ou l'arrow-root dans le vin blanc et versez sur la préparation. Remuez.
- Versez dans une petite casserole et faites cuire à feu doux pendant 30 min, couvert.
- Remuez plusieurs fois durant la cuisson.
- Laissez refroidir avant de servir.

Pour préparer la sauce, mélangez le jus de tomate, le vinaigre, le jus de citron, le sucre en poudre, le persil haché, les grains de coriandre, la sauce tabasco et le sel.

Égouttez les champignons, les oignons et les bouquets de chou-fleur. Dénoyautez les olives.

Mélangez les légumes et les olives dans un plat, puis versez-y la sauce. Délayez la maïzena ou l'arrow-root dans le vin blanc.

SALADE MÉRIDIONALE

pour 4 personnes

15 cl	**d'huile**
5 cl	**de vinaigre**
	sel
	poivre
1 C	**de moutarde forte**
2 C	**de jus de citron**
8	**pommes de terre pelées, cuites et coupées en dés**
1	**petit oignon, coupé en petits dés**
250 g	**de haricots verts, blanchis**
4	**feuilles de laitue**
4	**tomates, pelées et coupées en quartiers**
4	**œufs durs, coupés en quartiers**
10	**olives noires, dénoyautées**
8	**filets d'anchois**
1 C	**de basilic haché**

■ Mélangez l'huile, le vinaigre, le sel, le poivre, la moutarde forte et le jus de citron.

■ Versez le quart de cette vinaigrette sur les pommes de terre. Réfrigérez pendant 1 h.

■ Mélangez l'oignon avec les haricots verts.

■ Arrosez d'un autre quart de la vinaigrette et réfrigérez pendant 1 h.

■ Disposez les feuilles de laitue sur des assiettes. Répartissez également les oignons et les haricots sur les feuilles de laitue. Garnissez de tomates, d'œufs durs, d'olives et de filets d'anchois.

■ Arrosez du reste de la vinaigrette, parsemez de basilic et servez immédiatement.

SALADE DE TOMATES AU PARMESAN

pour 6 personnes

6	tomates tranchées fin
15 cl	d'huile d'olive
6 cl	de vinaigre
	sel
	poivre
	sel de céleri
15 g	d'ail haché
30 g	d'échalotes hachées
1 C	de basilic
2	pincées d'origan
3 C	de persil haché
1 C	de ciboulette hachée
125 g	de parmesan râpé

■ Disposez les tranches fines de tomates sur un grand plat de service.

■ Dans un bol, mélangez tous les autres ingrédients, sauf le parmesan râpé, et versez-les sur les tomates.

■ Saupoudrez de parmesan et servez.

SALADE À LA CIBOULETTE

pour 6 à 8 personnes

1	**laitue en chiffonnade**
4	**échalotes hachées**
½	**yaourt nature**
1 C	**de jus de citron**
3 C	**de ciboulette hachée**
	sel
	poivre
	tranches de pain rassis

■ Dans un grand saladier, mélangez bien tous les ingrédients.

■ Prenez des tranches de pain rassis et frottez-les avec des gousses d'ail quelques minutes avant de servir. Badigeonnez-les d'huile d'olive et de vinaigre. Servez avec la salade.

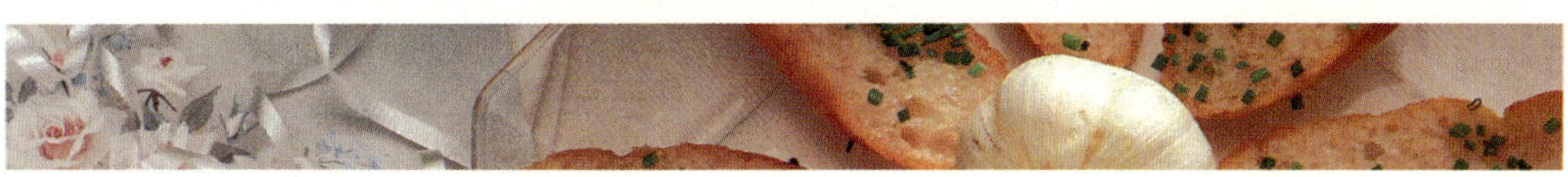

SALADE D'ÉTÉ

pour 6 à 8 personnes

250 g	**de haricots verts cuits**
250 g	**de haricots jaunes cuits**
1	**brocoli en bouquets cuit 3 min**
3	**pommes de terre cuites, chaudes et pelées**
3	**tomates coupées en quartiers**
1	**poivron rouge émincé**
1	**concombre évidé et émincé**
30 g	**d'oignon rouge haché**
	sel
	poivre
15	**olives noires**
	feuilles de laitue, lavées et essorées

pour la vinaigrette

1 C	**de moutarde forte**
1 C	**de persil haché**
1	**gousse d'ail écrasée et hachée**
5 cl	**de vinaigre de vin**
	sel
	poivre
8 cl	**d'huile d'olive**
	jus de citron vert

■ Placez tous les légumes dans un grand saladier. Salez, poivrez et ajoutez les olives. Réservez.

■ Mettez la moutarde dans un bol. Ajoutez le persil, l'ail et le vinaigre de vin. Mélangez bien ; salez et poivrez.

■ Versez l'huile goutte à goutte en mélangeant constamment avec un fouet. Assaisonnez au goût et arrosez de jus de citron vert.

■ Versez la vinaigrette sur les légumes ; mélangez bien.

■ Laissez mariner les légumes durant 7 à 8 min.

■ Disposez les feuilles de laitue sur un plat de service et garnissez-les de légumes.

SALADE DE CONCOMBRES AUX RADIS

pour 6 à 8 personnes

100 g	**d'épinards en chiffonnade**
30 cl	**de crème aigre**
2 C	**de jus de citron**
1 C	**de moutarde forte**
	sel
	poivre
1	**concombre pelé et coupé en rondelles de 5 mm**
2 C	**de sel**
8	**radis nettoyés et hachés fin**
2	**petites échalotes hachées fin**

■ Blanchissez les épinards dans de l'eau bouillante pendant 30 secondes. Égouttez et passez sous l'eau froide. Séchez avec un papier absorbant et hachez grossièrement.

■ Mélangez la crème aigre, le jus de citron et la moutarde forte dans un grand bol. Salez et poivrez. Réfrigérez pendant 30 min.

■ Mélangez le concombre à 2 C de sel. Laissez dégorger pendant 15 min.

■ Égouttez et mélangez à la crème aigre. Ajoutez les épinards, les radis et les échalotes.

■ Réfrigérez ou servez immédiatement.

POISSONS, CRUSTACÉS ET COQUILLAGES

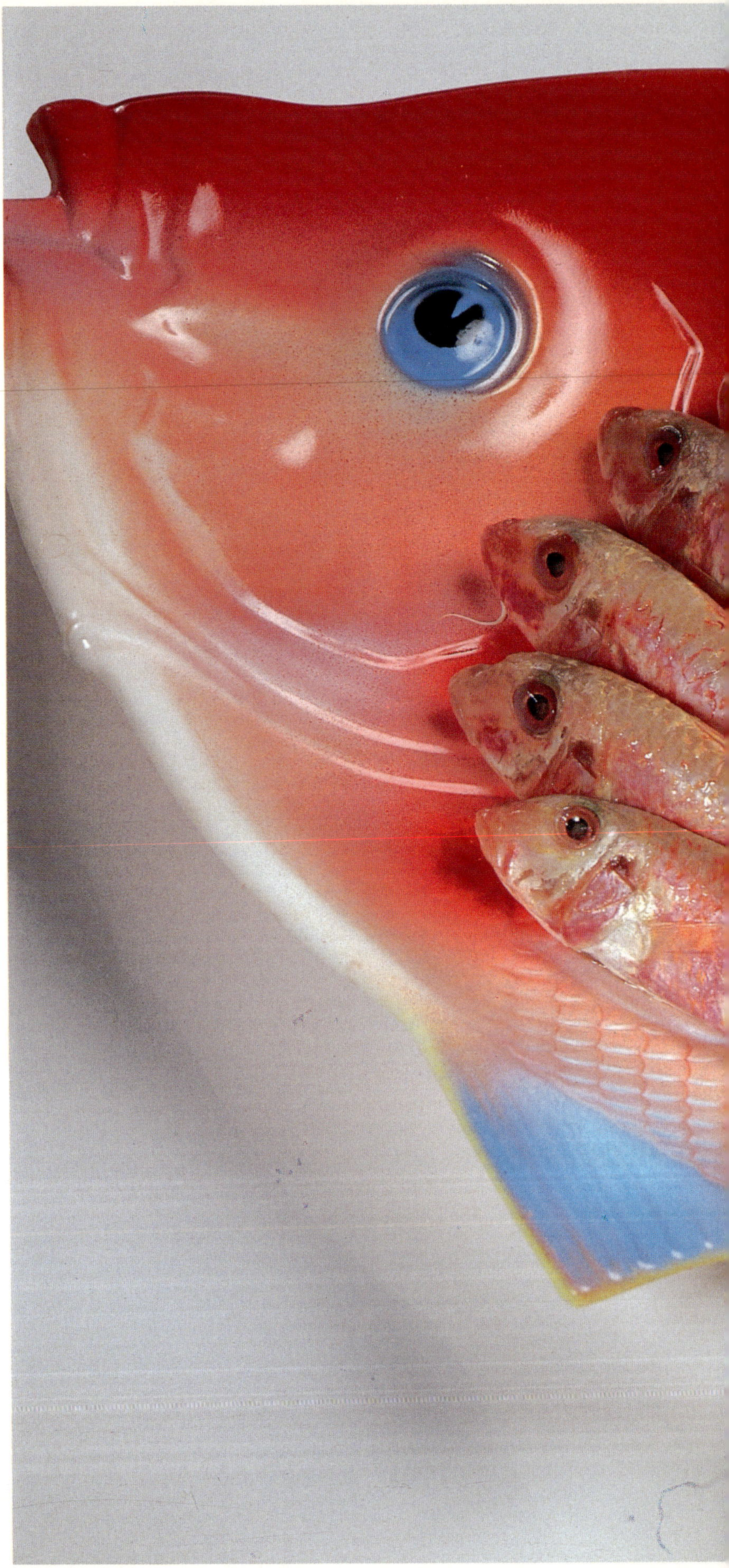

DÉCONGÉLATION

S'il est toujours souhaitable et agréable, pour sacrifier aux plaisirs de la table, de cuisiner des poissons, crustacés et coquillages frais, cela n'est pas toujours possible et réclame parfois un surcroît de travail incompatible avec notre emploi du temps.

Congelés, les produits de la mer sont extrêmement pratiques et simples à utiliser, et se trouvent sous une grande variété en hypermarché. Le tout étant de les décongeler dans de bonnes conditions, il vous suffira pour cela de respecter les quelques conseils qui suivent.

- Disposez le ou les poissons ou les morceaux de poisson dans un plat. Mettez le plat dans un endroit tiède (sur un radiateur de chauffage central ou au-dessus de la cuisinière).
- Laissez décongeler environ 3 h pour un gros poisson entier et 1 h 30 pour des petits poissons ou des morceaux de poisson.

Si vous possédez un four à micro-ondes :

- Réglez le four à allure 3 (FAIBLE ou cycle Décongélation).
- Réglez le temps de décongélation selon le tableau de la page 390-391.
- Procédez à la décongélation en deux étapes (voir tableau).
- Observez un temps de repos après chaque étape, toujours en vous conformant au tableau.
- Aux premiers signes de cuisson, retirez les aliments du four à micro-ondes et laissez la décongélation s'achever à température ambiante.
- Suivez pas à pas la méthode présentée ci-après :

Débarrassez les aliments à décongeler de toute trace de papier d'aluminium. Posez-les sur une assiette ou laissez-les dans leur emballage, si celui-ci ne contient pas de métal.

Enfournez selon le tableau de la page 390-391 pour la première étape de décongélation.

Après le premier temps de décongélation et le premier temps de repos, retournez les aliments. S'ils étaient restés dans leur emballage d'origine, placez-les sur une assiette.

Enfournez selon le tableau de la page 390-391 pour la seconde étape de décongélation.

Après le second temps de décongélation, séparez délicatement les aliments. Ils ne doivent plus coller entre eux.

Plongez aussitôt les aliments dans un bol d'eau glacée dans lequel ils effectueront le second temps de repos. Cela permet de raffermir les chairs et de les refroidir, évitant ainsi un commencement prématuré de la cuisson.

Égouttez soigneusement les aliments. Ainsi, les petits rougets de l'exemple choisi sont prêts à être cuisinés alors que 10 min auparavant, ils étaient encore congelés. Vous pouvez également les conserver une heure ou deux au réfrigérateur avant de les apprêter, mais vous ne devrez en aucun cas les recongeler.

Dans une cocotte, mettez les parures de poissons.

Ajoutez le bouquet garni, le persil en petits bouquets, les gousses d'ail épluchées mais entières, l'oignon, les échalotes, le poireau, le fenouil, les champignons, le céleri grossièrement émincé, le citron coupé en quatre, les épices et le sucre.

Versez le vin blanc sec et l'eau.

Couvrez et portez à ébullition.

Découvrez alors et laissez réduire le liquide de moitié à petit frémissement.

Comptez environ 1 h.

Avec une écumoire, retirez les parures de poissons et les plus gros morceaux de légumes.

Passez le bouillon dans une passoire assez fine pour débarrasser le fumet de toutes les particules solides. La préparation est prête à l'emploi. Pour un usage ultérieur, laissez refroidir le fumet. Versez-le dans un récipient en plastique souple. Vous pourrez le conserver quelques heures au réfrigérateur, ou même le congeler.

***Conseils** : Utilisez si possible des parures de sole, de turbot, de daurade, de bar, de truite, de saumon ou de maquereau.*

Plus il y aura de variétés de poissons, plus fin sera le fumet.

Ne salez jamais le fumet : comme il servira de base à d'autres préparations, il sera toujours temps de le saler à ce moment-là.

Si vous l'avez déjà salé, vous risquez, s'il se concentre au cours d'une cuisson ultérieure, de le rendre saumâtre et franchement inconsommable.

SOUPE DE POISSON

pour 4 personnes

F*umet de poisson, tomates, herbes aromatiques, filets de poisson, épices, sel et crème sont nécessaires à la préparation d'une bonne soupe de poisson.*

1,2 L	**de fumet de poisson (voir page 77)**
4	**tomates moyennes**
250 g	**de filets de poisson (daurade, bar ou grondin)**
1 C	**de persil haché**
1 c	**de thym frais haché**
½ c	**de safran**
2	**pincées de poivre de Cayenne**
½ c	**de sel**
2 C	**de crème**

- Dans une cocotte, versez le fumet.
- Ajoutez les tomates pelées et coupées en 4, les 250 g de filets de poisson coupés grossièrement, les herbes et les épices.
- Couvrez et laissez cuire 15 min à frémissement.
- Passez le tout au robot ménager. Salez.
- Remettez en cocotte et sur feu vif, à découvert, laissez encore cuire et réduire 5 min.
- Passez au chinois, rectifiez l'assaisonnement et ajoutez la crème.
- Dégustez aussitôt avec des croûtons de pain frottés d'ail.

Après une première cuisson, passez le tout au robot ménager.

En fin de seconde cuisson, passez la soupe au chinois, rectifiez l'assaisonnement et ajoutez la crème.

SAUCES POUR POISSONS

Les pages qui viennent vont traiter des sauces chaudes qui accompagnent le plus délicieusement les produits de la mer.

Rappelons toutefois que certaines sauces froides, généralement à base de mayonnaise ou de vinaigrette, sont souvent excellentes avec les poissons froids, les crustacés au court-bouillon et les cocktails de coquillages.

Principales sauces froides

Mayonnaise

Aïoli (mayonnaise à l'ail)*

Rouille (mayonnaise à l'ail et au piment)*

Tartare (mayonnaise aux herbes, cornichons et câpres)

Sauce cocktail (mayonnaise au ketchup et à la crème)

Anchoïade (mayonnaise à l'anchois)*

Rémoulade (tartare à la moutarde forte)

Vinaigrette

Sauce moutarde (vinaigrette moutardée)

Coulis de tomate (jus de tomate assaisonné)

** Il s'agit là de versions simplifiées de ces sauces méridionales.*

LES SAUCES CHAUDES

Hollandaise inratable

Pour 25 cl de sauce : mettez 3 jaunes d'œufs dans le bol du robot ménager.

Ajoutez le jus d'un citron, deux pincées de poivre blanc, trois pincées de sel.

Fermez le bol du robot ménager et battez à vitesse lente pendant quelques secondes.

Faites fondre 180 g de beurre à feu très doux. Le beurre doit être liquide, mais à peine tiède.

Dans le bol du robot ménager réglé à pleine vitesse, versez (par la cheminée ménagée dans le couvercle) le beurre très lentement en un mince filet sur le mélange jaunes d'œufs/citron.

Battez jusqu'à ce que le mélange soit parfaitement homogène.

Versez la préparation dans un bol et cuisez la sauce très doucement au bain-marie, pendant 10 min, en fouettant sans cesse.

Béarnaise

Procédez exactement comme pour la hollandaise, mais :

- Remplacez le jus de citron par 3 C de vinaigre d'estragon.
- Avant de verser le beurre fondu, ajoutez 1 C d'échalote hachée, 1 C de cerfeuil haché et 1 C d'estragon haché.

Sauce choron

Procédez exactement comme pour la béarnaise, mais :

- Ajoutez 1 C de concentré de tomate en fin de cuisson.

Beurre blanc

Dans la cuisine moderne, le beurre blanc est devenu l'une des sauces les plus courantes pour accommoder les poissons, les crustacés et les coquillages.

En voici une version simple et quasiment immanquable.

Recette de base pour 25 cl de beurre blanc

1 C	**de vinaigre blanc d'échalote**
4 C	**de vin blanc sec**
1 C	**de jus de citron**
2	**pincées de poivre blanc**
3	**pincées de sel**
3 C	**de crème fraîche épaisse**
200 g	**de beurre**

- Dans une casserole à fond épais, sur feu assez vif, versez le vinaigre, le vin blanc et le jus de citron.
- Ajoutez poivre et sel.
- Faites réduire le liquide des 2/3.
- Incorporez la crème.*
- Sur le côté de la plaque chauffante, ajoutez le beurre en petites noix en faisant tourner la casserole pour favoriser la fonte du beurre et son émulsion.
- Veuillez à ne jamais laisser bouillir.

* *L'addition de crème assure une meilleure stabilité à cette sauce.*

Quelques variantes de beurre blanc

Le beurre blanc se prête à de nombreuses adaptations. Il suffit pour cela de libérer un peu son imagination. Voici quelques suggestions de variantes délicieuses et raffinées.
(Voir photo page 84.)

À gauche, de haut en bas

Beurre blanc au citron vert

(25 cl de beurre blanc, 1 C de jus de citron vert)

Beurre blanc à la ciboulette

(25 cl de beurre blanc, 3 C de ciboulette hachée)

Beurre blanc au beurre de homard

(25 cl de beurre blanc, 3 C de beurre de homard, de crevette ou de crabe)

À droite, de haut en bas

Beurre blanc à l'anchois

(25 cl de beurre blanc, 2 C d'anchois finement hachés)

Beurre blanc aux œufs de lump

(25 cl de beurre blanc, 3 C d'œufs de lump rouges)

Beurre blanc au poivre vert

(25 cl de beurre blanc, 1 C de poivre vert, 1 c de thym frais haché)

Sauce blanche légère

Pour 50 cl de sauce :

1 C	**de beurre**
1 C	**de farine**
60 cl	**de fumet de poisson (voir page 77)**
¼ c	**de poivre blanc**
½ c	**de sel**

- Avec le beurre et la farine, préparez un roux blanc.
- Mouillez ce roux avec le fumet, en fouettant pour éviter la formation de grumeaux.
- Laissez mijoter 10 min.
- Poivrez et salez.
- Pour accompagner des poissons délicats, vous pouvez crémer légèrement cette préparation, en fin de cuisson.

Sauce blanche épaisse

Pour 50 cl de sauce :

3 C	**de beurre**
2 C	**de farine**
60 cl	**de fumet de poisson (voir page 77)**
¼ c	**de poivre blanc**
½ c	**de sel**

- Avec 2 C de beurre et la farine, préparez un roux blanc.
- Mouillez ce roux avec le fumet, en fouettant pour éviter la formation de grumeaux.
- Laissez mijoter 15 min.
- En fin de cuisson, incorporez le reste du beurre.
- Poivrez et salez.

Béchamel

Procédez exactement comme pour les sauces blanches, mais :

- Remplacez le fumet par du lait.
- Préparez-la légère ou épaisse, selon l'usage.

Sauce Mornay

Procédez exactement comme pour une sauce blanche épaisse, mais :

- En même temps que le fumet, ajoutez 75 g de champignons finement émincés et 75 g de gruyère râpé.

Sauce Soubise

Procédez exactement comme pour une sauce blanche épaisse, mais :

- Coupez le fumet par moitié avec du vin blanc sec.
- Ajoutez 120 g d'oignons émincés cuits.
- En fin de cuisson, incorporez 2 C de crème fraîche.

TRUITES ET SAUMONS

La famille des salmonidés, outre les truites et les saumons, comporte également les ombles, les ombres et les corégones.

D'un pays à un autre, d'une région à une autre, d'une rivière à une autre, les noms ne manquent pas pour désigner tous ces poissons familiers ou plus rares mais que l'on peut, dans tous les cas, considérer comme parmi les plus délicats de la création.

« Cisco, hareng-le-lac, grand corégone, ouananiche, saumon de l'Atlantique, touladi... », ces mots ne parlent guère aux Européens, puisqu'ils sont réservés aux salmonidés de l'Amérique du Nord.

Pourtant, sous d'autres appellations, ces poissons sont connus et estimés de l'autre côté de l'océan : « Lavaret, féra, bondelle, omble chevalier, saumon de Loire, saumon de fontaine, truite fario... ».

Ces poissons à chair fine cuisent vite et se prêtent à d'infinies préparations. C'est pourquoi nous leur avons consacré une section à part.

TRUITES AU VINAIGRE

pour 4 personnes

Il s'agit d'une adaptation pour la cuisson-vapeur de la célèbre recette des truites « au bleu », savoureuse mais cruelle puisque les truites sont vidées alors qu'elles sont encore vivantes.
Ici, on ne demande aux truites que d'être fraîches !

4	**belles truites (250 g pièce, environ)**
4	**pincées de poivre**
4	**pincées de sel**
20 cl	**de vinaigre de vin rouge**

Les truites étant vidées et lavées, entourez-leur la queue et la tête de papier d'aluminium qui protégera ces parties fragiles des ardeurs de la cuisson.

Incisez les truites sur leurs deux faces.

Salez et poivrez l'intérieur des truites. Assaisonnez également dans chaque incision.

Rangez les truites dans un plat.

Arrosez-les avec le vinaigre en insistant sur les incisions. Laissez mariner ainsi pendant 15 min.

Faites ensuite cuire les truites à la vapeur, couvercle entrebâillé, pendant 12 min, en les retournant au bout de 5 min.

Retirez les protections d'aluminium et servez avec des pommes de terre à l'eau saupoudrées de persil haché.

Nappez le tout avec un beurre blanc (voir page 83).

TRUITES PHARAON

pour 4 personnes

4	**truites (250 g pièce, environ)**
150 g	**d'épinards frais**
12	**fines tranches de bacon**
4 C	**d'huile d'olive**
	le jus de 1 citron
8	**pincées de poivre**
8	**pincées de sel**
1 C	**de thym frais haché**

▪ Les truites étant vidées et lavées, incisez-les sur leurs deux faces.

▪ Salez-les et poivrez-les à l'intérieur et dans les incisions.

▪ Lavez les feuilles d'épinards. Égouttez-les sommairement car elles seront plus souples et humides.

▪ Entourez chaque truite de feuilles d'épinards, puis de fines tranches de bacon.

▪ Ficelez, au besoin, pour maintenir le bacon en place.

▪ Faites cuire les truites à la vapeur pendant 15 min, en les retournant au bout de 5 min.

▪ Au moment de les déguster, arrosez-les d'un mélange froid d'huile d'olive, de jus de citron, de poivre et de sel.

▪ Parsemez de thym.

▪ Par souci diététique, vous pouvez réduire l'huile d'olive.

PAPILLOTES DE TRUITE SAUMONÉE

À l'aide d'un couteau bien effilé, ouvrez les truites en deux et retirez l'arête centrale.

Salez et poivrez l'intérieur. Parsemez de grains de coriandre, de thym et de cerfeuil haché. Ajoutez une fine rondelle de citron et, selon le goût, un petit morceau de piment.

Déposez les truites sur des carrés de papier sulfurisé.

Préchauffez le four à 210°.

Ajoutez 2 C d'un mélange de crème, de paprika et de 1 c de sauce soja. Nappez chaque truite saumonée.

Repliez le papier sulfurisé et formez des papillotes.
Rangez les papillotes dans un plat et mettez au four pour 15 min.

Servez directement dans la papillote.

CARI DE TRUITE FUMÉE

Faites cuire 2 filets de truite fumée par personne, à la vapeur, pendant 3 min.

Servez-les nappés d'une sauce au curry chauffée 3 min et agrémentée d'un peu de crème fraîche.

En garniture, au choix : tomates, bananes, citrons verts, riz, riz sauvage, chutney, selon les disponibilités du moment.

DARNES DE SAUMON AUX CREVETTES

pour 4 personnes

75 cl	**de fumet de poisson (voir page 77)**
1 c	**de poivre blanc**
½ c	**de sel**
4	**darnes de saumon (de 200 g chacune, environ)**
200 g	**de crevettes décortiquées**
4 C	**d'un hachis d'herbes aromatiques (persil, thym, cerfeuil, ciboulette, estragon, etc.)**
600 g	**de pois gourmands**

- Assaisonnez le court-bouillon avec le poivre et le sel.
- Versez-le dans une cocotte.
- Disposez les darnes de saumon dans le court-bouillon encore froid.
- À feu doux, portez à frémissement (environ 10 min).
- Couvrez la cocotte, retirez-la du feu.
- Ajoutez les crevettes pour les réchauffer.
- Laissez ainsi au chaud pendant 3 min.
- Dressez aussitôt les darnes et les crevettes sur des assiettes chaudes.
- Parsemez du hachis d'herbes aromatiques.
- Savourez ce plat très sain, accompagné de pois gourmands.

FILET DE SAUMON FARCI

pour 4 ou 5 personnes

Ce saumon farci au saumon peut se déguster chaud ou froid, à l'occasion d'un pique-nique ou d'un souper d'été.

1	**filet de saumon assez fin de 500 g environ**
pour la farce	
180 g	**de chair de saumon**
2 C	**de crème**
30 g	**de beurre**
1 C	**de farine**
1 C	**d'échalote hachée**
1 C	**de persil haché**
	le jus de 1 citron
1 c	**de poivre**
1 C	**de sel**
1	**œuf**

- Dans le bol du robot ménager, mettez la chair de saumon, la crème, le beurre, la farine, l'échalote, le persil, le jus de citron, le poivre et le sel.
- Hachez grossièrement sans réduire en pommade.
- Incorporez l'œuf.
- Posez le filet de saumon sur un film plastique étirable.
- Étalez la farce par-dessus en une couche uniforme.
- Roulez le filet sur lui-même. Entourez-le de film plastique pour emprisonner la farce.
- Faites cuire cette roulade 12 min à la vapeur, en la retournant à mi-cuisson.

Étalez la farce sur le filet de saumon.

Après cuisson, retirez la pellicule plastique.

Ce saumon farci se tranche mieux froid que chaud.

ESCALOPES DE SAUMON À L'ORANGE

pour 4 personnes

Quelques fines tranches d'orange décoreront les assiettes et feront un délicieux accompagnement à ces escalopes de saumon. Pour les servir chaudes, plongez-les 30 secondes dans de l'eau bouillante, puis égouttez-les.

25 cl	**de beurre blanc**
2 C	**de jus d'orange**
4	**belles escalopes de saumon**
2	**pincées de poivre de Cayenne**
4	**pincées de sel**
1 C	**de ciboulette hachée**
2	**oranges**

- Préparez le beurre blanc. Aromatisez-le avec le jus d'orange. Maintenez-le au chaud, au bain-marie.
- Dans une poêle antiadhésive bien chaude, sur feu assez vif, disposez les escalopes de saumon, après les avoir poivrées et salées sur les deux faces.
- Laissez-les cuire 5 min sur une face.
- Retournez-les délicatement et faites-les cuire 2 min sur l'autre face.
- Dressez les escalopes sur des assiettes chaudes.
- Nappez avec le beurre blanc.
- Parsemez de ciboulette, décorez de tranches d'orange et savourez sans plus attendre.

SALMONACCIO

pour 4 personnes

Une version « poisson » du fameux carpaccio italien.

600 g	**de filet de saumon**
2 C	**d'huile d'olive**
4 C	**de jus de citron**
2 C	**de pistaches**
1 c	**de poivre en grains**
4	**pincées de sel**
2 c	**d'estragon haché**
600 g	**d'endives (en salade)**

■ Tranchez le filet de saumon en fines lamelles, comme indiqué à la page 72.

■ Disposez ces lamelles sur les assiettes de service.

■ Mélangez dans un bol l'huile d'olive, le jus de citron, les pistaches, les grains de poivre et le sel.

■ Versez sur les lamelles de saumon.

■ Laissez mariner 10 min. L'action du citron va blanchir la surface des lamelles de saumon. C'est ce que l'on nomme une cuisson chimique. En ne prolongeant pas trop cette marinade, l'intérieur restera cru, tendre et moelleux, offrant un délectable contraste.

■ Parsemez d'estragon haché et savourez avec une salade d'endives en accompagnement.

BROCHETTES DE SAUMON AU CONCOMBRE

Pour chaque brochette :

■ Découpez 150 g de saumon frais en cubes comme indiqué à la page 73.

■ Enfilez ces cubes de saumon sur une brochette de bois en intercalant des morceaux de concombre.

■ Pour obtenir un bel effet décoratif, piquez les cubes en alternant le côté peau et le côté chair.

■ Faites cuire 6 min à la vapeur en faisant pivoter les brochettes d'un quart de tour toutes les 1 min 30.

■ Servez aussitôt avec un beurre de saumon : 100 g de beurre ramolli passé au robot ménager avec 50 g de saumon fumé et 1 pincée de poivre de Cayenne.

ROULEAUX DE SAUMON FUMÉ AUX POIREAUX

Par personne :

1	**petit poireau**
2	**fines tranches de saumon fumé**
2 C	**de béarnaise (voir page 83)**

■ Coupez les poireaux en tronçons de 5 cm.
■ Faites-les cuire 20 min à la vapeur.
■ Découpez le saumon fumé en bandes de 4 cm environ.
■ Quand les poireaux sont cuits, entourez chaque tronçon d'une bande de saumon fumé.
■ Remettez 3 min à cuire à la vapeur (ou au four à micro-ondes).
■ Servez avec la béarnaise dans laquelle vous aurez incorporé les chutes de saumon fumé finement hachées.

LES POISSONS LONGS ET LES FILETS DE POISSON

Les océanographes et autres ichtyologistes distingués nous pardonneront-ils le titre de ce chapitre ?

Il est permis d'en douter, car cette classification « poissons longs » n'a vraiment rien de scientifique.

Justifions-nous !

Est-il réellement indispensable pour cuire un poisson, de savoir s'il appartient à l'ordre des clupéiformes, des cypriniformes ou des gadiformes ?

Certainement pas. L'important, c'est de connaître sa morphologie, sa taille et la nature de sa chair.

C'est pourquoi nous avons regroupé dans ce chapitre tous les poissons, quelle que soit leur famille, qu'ils soient de mer ou d'eau douce, présentant quelques aspects communs : forme allongée, taille moyenne, chair blanche.

En fait, il s'agit de tous les poissons comestibles, à l'exclusion des salmonidés, des poissons plats, des petits poissons et des géants des mers qui font chacun l'objet d'un chapitre particulier.

Ces « poissons longs » sont donc nombreux.

Les plus courants dans le commerce sont : le bar, le brochet, le cabillaud, la daurade, l'aiglefin, le lieu, le merlan et la morue.

C'est également dans cette section que nous donnerons des recettes de filets de poisson, produits de plus en plus présents sous diverses présentations sur nos tables quotidiennes.

BAR AU CHOU À LA VAPEUR

pour 4 personnes

Recette simple et succulente qui peut se préparer avec de nombreux autres poissons : mulet, daurade, rouget grondin, par exemple.

1	**bar de 1 kg**
1 c	**de poivre**
1 c	**de sel**
	beurre blanc au poivre vert (voir page 84)
12	**belles feuilles de chou vert**

- Faites écailler, vider et laver le bar par le poissonnier.
- Poivrez-le et salez-le intérieurement.
- Enveloppez le poisson dans les feuilles de chou vert. Ficelez.
- Faites-le cuire 15 min à la vapeur, couvercle fermé, puis 10 min couvercle retiré.
- Présentez le poisson à vos convives avant de le découper.
- Servez les filets du bar nappés de beurre blanc au poivre vert et avec le chou vert taillé en lanières comme garniture.

Enveloppez le bar dans des feuilles de chou.

Nappez le poisson et le chou de beurre blanc au poivre vert.

LES FILETS DE POISSON

Nous avons vu en page 70 qu'il n'était guère difficile de lever les filets d'un poisson. Cela demande toutefois un peu de temps et d'attention.

Nous ne sommes pas toujours disponibles pour ce genre d'exercice et n'en avons pas forcément le goût. C'est pourquoi tous les rayons de poissonnerie des hypermarchés nous proposent aujourd'hui un vaste choix de filets de poisson prêts à cuire.

Filets de lieu, d'aiglefin, de morue, de merlu, de merlan, de julienne, de cabillaud, de bar ou de daurade : tous conviennent à merveille à une cuisson rapide et simple. Ne nous en privons donc pas, d'autant que le résultat est toujours délectable.

FILETS DE MERLAN AUX POINTES D'ASPERGES

pour 4 personnes

400 g **de pointes d'asperges**
800 g **de filets de merlan**
sauce hollandaise
(voir page 82)

- Dans la partie basse d'un cuit-vapeur, versez de l'eau salée. Portez-la à ébullition.
- Jetez les pointes d'asperges dedans.
- Dans le panier, disposez les filets de merlan et faites-les cuire, à couvert, sur la vapeur d'asperge. Selon leur épaisseur, les filets seront cuits en 3 ou 4 min.
- Dressez-les sur des assiettes chaudes avec les pointes d'asperges cuites 6 min et bien égouttées.
- Nappez avec de la sauce hollandaise.

HADDOCK À L'ÉCOSSAISE

pour 4 personnes

Souvent considéré comme un poisson cher, le haddock est en fait un poisson de grande qualité ; or, la qualité se paie. Il faut savoir que le haddock n'est autre que l'aiglefin fumé.

Choisissez un beau filet de haddock.

Mélangez le lait, le jus de citron, la ciboulette, le whisky, le poivre et le sel.

Mettez le haddock à cuire dans ce mélange.

900 g	**de filet de haddock**
50 cl	**de lait**
2 C	**de jus de citron**
2 C	**de ciboulette ou aneth**
2 C	**de whisky**
1 c	**de poivre**
½ c	**de sel**

- Préchauffez le four à 190°.
- Choisissez un beau filet de haddock.
- Tranchez-le en fines escalopes.
- Mélangez le lait, le jus de citron, la ciboulette, le whisky, le poivre et le sel ; versez dans un plat allant au four.
- Disposez les escalopes de haddock dans ce mélange. Couvrez de papier d'aluminium.
- Enfournez environ 30 min.
- Retournez à mi-cuisson.
- Dégustez avec des cerises à l'eau de vie et des pommes de terre.

FILETS DE LIEU À LA CHOUCROUTE

pour 4 personnes

50 g	**de beurre**
4	**tranches fines de jambon blanc**
4	**filets de lieu de 180 g chacun, environ**
600 g	**de choucroute cuite et assaisonnée**
2	**pincées de sel**
4	**pincées de poivre de Cayenne**
1 C	**de baies de genièvre**

- Faites fondre le beurre à feu assez doux dans une grande poêle.
- Rangez les tranches de jambon dans la poêle.
- Posez les filets de lieu sur les tranches de jambon.
- Couvrez la poêle et laissez cuire 10 min, tout doucement.
- Dressez un lit de choucroute chaude dans chaque assiette. Posez une tranche de jambon et un filet de lieu dessus.
- Salez et poivrez. Parsemez de baies de genièvre.
- Savourez aussitôt cette recette très saine et subtile.

BÂTONNETS DE POISSON AU CITRON

pour 4 personnes

3	**citrons**
2 C	**de sauce soja**
½ c	**de curry**
2 C	**de sucre en poudre**
2	**pincées de sel**
600 g	**de bâtonnets de poisson aromatisés au crabe (surini)**

■ Hachez finement en julienne les citrons en conservant la peau de l'un d'eux (citrons non traités, naturellement !). Récupérez le jus qui s'écoule.

■ Dans une casserole, versez le jus et les juliennes de citron. Ajoutez la sauce soja, le curry, le sucre et le sel.

■ Faites cuire 10 min à feu vif, la casserole couverte.

■ En fin de cuisson, pochez les bâtonnets 2 min dans cette délicieuse et surprenante sauce orientale.

■ Savourez aussitôt avec du riz en accompagnement.

SALADE TIÈDE DE POISSON

pour 2 personnes

300 g	**de filets de poisson**
	salade de saison

pour la marinade

3 C	**d'huile d'olive**
2 C	**de jus de citron**
1 c	**de thym haché**
1 c	**de graines de coriandre**
3	**pincées de sel**
2	**pincées de poivre**

■ Taillez les filets de poisson en goujonnettes, c'est-à-dire en lanières obliques d'un bon cm de largeur.
■ Dans un bol, mélangez tous les ingrédients de la marinade.
■ Versez la marinade dans une assiette creuse et mettez les goujonnettes à mariner dedans pendant 15 min.
■ Lavez la salade et essorez-la soigneusement.
■ Égouttez les goujonnettes et faites-les cuire 5 min à la vapeur.
■ Assaisonnez la salade avec la marinade.
■ Dressez les goujonnettes chaudes par-dessus et dégustez aussitôt.

Taillez les filets en goujonnettes.

Faites-les mariner 15 min.

Dressez-les sur la salade assaisonnée avec la marinade.

LES POISSONS PLATS

D*e par leur morphologie (filets larges et peu épais) et leur texture (chair délicate mais ferme), les poissons plats réclament une section spéciale.*

En effet, on ne les cuit pas exactement comme les autres poissons.

C'est sans doute parmi eux que l'on rencontre les poissons les plus fins de goût et ceux qui se prêtent à la plus grande variété de préparations.

La sole est incontestablement reconnue comme la reine des mers. Mais le turbot, le Saint-Pierre, la barbue et, à un degré moindre, la plie et la limande méritent également la considération du gourmet.

Ce sont, en outre, des poissons maigres d'un grand intérêt diététique.

PLIE
AUX AMANDES

pour 4 personnes

1	**plie (ou carrelet) de 1,2 kg environ**
50 g	**de farine**
50 g	**de beurre**
4 C	**d'amandes effilées**
150 g	**de lard**
4	**pincées de sel**
4	**pincées de poivre**
4 C	**de persil haché**
600 g	**d'épinards**

■ Faites vider la plie par votre poissonnier. Farinez-la.

■ Dans une sauteuse, faites fondre le beurre.

■ Déposez le poisson dans le beurre bien chaud, tête à gauche, dos tourné vers vous.

■ Laissez cuire 15 min, à feu moyen, en arrosant souvent le poisson et en le retournant au bout de 7 min de cuisson.

■ Sortez-le et dressez-le sur un plat chaud.

■ Dans la sauteuse, jetez les amandes effilées et le lard taillé très finement. Faites dorer 5 min.

■ Salez, poivrez et versez sur la plie.

■ Parsemez de persil et savourez avec des épinards.

BARBUE
À LA NORMANDE

pour 4 personnes

La barbue est un poisson très fin, proche du turbot et du Saint-Pierre mais que l'on peut, par souci d'économie, remplacer par de la limande.

- Cuisez la barbue comme la plie dans la recette de la page précédente.
- Ôtez-en la peau après cuisson.
- Pour la sauce normande, confectionnez un beurre blanc comme indiqué à la page 83.
- Ajoutez-lui 2 C de crème fraîche en fin de préparation, des crevettes et des moules, cuites et décortiquées.
- Parsemez de ciboulette et nappez la barbue de cette sauce délectable.

SOLE EN VERDURE

pour 2 personnes

2	**soles de 300 g pièce environ**
60 g	**de beurre**
2 C	**de cerfeuil haché**
2	**pincées de poivre de Cayenne**
3	**pincées de sel**
	citron vert

■ Videz et lavez les soles. Incisez la peau au ras de la queue et tirez la peau vers l'avant pour la décoller.

■ Avec un couteau bien aiguisé, fendez les soles le long de l'arête centrale, puis décollez les filets sans les trancher complètement. Écartez-les de manière à ménager un espace au centre du poisson (voir photos).

■ Malaxez le beurre avec le cerfeuil, le poivre de Cayenne et le sel. Déposez des noisettes de beurre le long de l'arête centrale.

■ Faites cuire les soles 8 min, d'un seul côté, à la vapeur.

■ Savourez-les simplement arrosées d'un trait de citron vert.

Décollez les filets sans les trancher complètement.

Déposez des noisettes de beurre le long de l'arête centrale.

Servez avec des tranches de citron vert.

FILETS DE SOLE EN COLIMAÇON

pour 4 personnes

4	**carottes**
2	**courgettes**
1/4	**de céleri-rave**
8	**filets de sole de taille moyenne**
100 g	**de beurre de homard ou 20 cl de beurre blanc au homard (voir recette page 84)**

■ Lavez les légumes. Taillez-les en longues lanières.

■ Dans la partie basse d'un cuit-vapeur, versez de l'eau très salée et très poivrée. Portez à ébullition.

■ Dans un panier, disposez les légumes.

■ Placez ce panier sur la partie basse et faites cuire les légumes 6 min à la vapeur.

■ Dans un second panier, disposez les filets de sole torsadés en colimaçon. Posez ce panier sur l'autre après 2 min de cuisson des légumes.

■ Couvrez le tout et achevez la cuisson pour 4 min.

■ Dressez les colimaçons de sole sur les légumes à la vapeur et servez avec du beurre de homard.

TURBOTIN AUX COURGETTES

pour 4 personnes

1	**turbotin de 1,2 kg environ**
4	**courgettes**

▪ Tirez les filets du turbotin.
▪ Coupez les courgettes en rondelles.
▪ Cuisez les courgettes à la vapeur 8 min dans le panier du bas et les filets dans le même temps dans le panier du haut, à découvert.
▪ Servez avec un beurre blanc à la ciboulette ou aux œufs de lump (voir recettes page 84).

LES PETITS POISSONS

FRITURE D'ÉPERLANS

Les éperlans sont de délicieux petits poissons argentés. Ils se prêtent parfaitement à la préparation en friture.

- Pour cela, séchez-les avec beaucoup de soin, puis roulez-les dans un peu de farine, ou mieux, mettez-les dans un sac en papier avec 1 ou 2 C de farine, fermez le sac et secouez-le.
- Faites chauffer de l'huile de friture à 180°.
- Lorsqu'elle a atteint la bonne température, jetez une poignée d'éperlans dedans. Laissez dorer 2 min.
- Retirez les éperlans avec une écumoire et mettez-les à égoutter sur une bonne épaisseur de papier absorbant.
- Répétez l'opération jusqu'à ce que tous les éperlans soient dorés. N'en cuisez pas plus d'une poignée à la fois.
- Au dernier moment, plongez-les de nouveau dans l'huile chaude tous ensemble pendant 1 min pour les réchauffer.
- Dressez-les dans un plat tapissé de papier absorbant et dégustez-les arrosés d'un filet de citron. Saupoudrez de persil haché et salez à votre convenance.

Dans cette section, nous avons voulu traiter de tous les poissons de petite taille dont, par le fait même, les temps et techniques de cuisson diffèrent des autres.

Il s'agit en premier lieu des poissons à friture du type éperlan, mais également des anchois et des sardines, ainsi que des rougets barbets et des maquereaux dont certaines variétés, particulièrement délicieuses, ne dépassent parfois guère 60 ou 80 g.

En général, les très petits poissons ne se vident pas et ceux d'une taille un peu supérieure se vident d'une simple pression sur le ventre.

Il faut les manipuler avec précaution car leur chair, d'une grande délicatesse, est très fragile.

Petits éperlans et maquereaux ne s'écaillent pas ; sardines et anchois perdent leurs écailles par un simple lavage ; quant aux petits rougets, il est prudent de les écailler du bout de l'ongle, sans utiliser aucun ustensile qui pourrait entailler leur chair.

Ne conservez jamais longtemps les petits poissons et mettez-les, si possible, sur de la glace pilée jusqu'au moment de les cuire.

LES CRUSTACÉS

Crustacés! Si l'on n'est pas résolument allergique aux produits de la mer (ce qui malheureusement existe!), ce nom seul suffit à vous faire venir l'eau à la bouche.

Alors, quelle n'est pas notre gourmandise lorsque l'on précise : homard, langouste, crabe ou crevette !

Il est vrai que dans cette classe d'animaux, on rencontre les chairs les plus subtiles et les plus délicates qui soient.

C'est à coup sûr dans les mers froides que l'on trouve les meilleurs crustacés, ceux des mers chaudes présentant souvent une chair caoutchouteuse et légèrement sucrée.

C'est pourquoi l'Europe et l'Amérique du Nord nous offrent les plus succulents spécimens.

Nous n'évoquerons pas la langouste, devenue trop rare et trop chère pour qu'on s'y intéresse sérieusement. De toute manière, les recettes de homard peuvent toujours convenir à la langouste. Encore que certains gastronomes prétendent que le homard se mange chaud et la langouste froide. Mais cela reste à démontrer et demeurera toujours affaire de goût personnel.

Crabes et crevettes nous arrivent sous une infinité de formes, selon leur provenance, mais ils sont toujours les uns et les autres susceptibles de donner un air de fête à nos menus.

Alors pourquoi s'en priver ?

LES CRUSTACÉS

Crustacés ! Si l'on n'est pas résolument allergique aux produits de la mer (ce qui malheureusement existe !), ce nom seul suffit à vous faire venir l'eau à la bouche.

Alors, quelle n'est pas notre gourmandise lorsque l'on précise : homard, langouste, crabe ou crevette !

Il est vrai que dans cette classe d'animaux, on rencontre les chairs les plus subtiles et les plus délicates qui soient.

C'est à coup sûr dans les mers froides que l'on trouve les meilleurs crustacés, ceux des mers chaudes présentant souvent une chair caoutchouteuse et légèrement sucrée.

C'est pourquoi l'Europe et l'Amérique du Nord nous offrent les plus succulents spécimens.

Nous n'évoquerons pas la langouste, devenue trop rare et trop chère pour qu'on s'y intéresse sérieusement. De toute manière, les recettes de homard peuvent toujours convenir à la langouste. Encore que certains gastronomes prétendent que le homard se mange chaud et la langouste froide. Mais cela reste à démontrer et demeurera toujours affaire de goût personnel.

Crabes et crevettes nous arrivent sous une infinité de formes, selon leur provenance, mais ils sont toujours les uns et les autres susceptibles de donner un air de fête à nos menus.

Alors pourquoi s'en priver ?

CREVETTES EN SAUCE ROSE

pour 4 personnes

20 cl	**de sauce blanche (voir recette page 85)**
10 cl	**de crème fraîche**
50 g	**de beurre de crevette**
1 C	**de ketchup**
3	**pincées de poivre de Cayenne**
4	**pincées de sel**
500 g	**de crevettes décortiquées**
2 C	**d'aneth ciselé**

■ Préparez la sauce rose en mélangeant dans un bol la sauce blanche, la crème, le beurre de crevette, le ketchup, le poivre de Cayenne et le sel.

■ Versez la sauce dans une casserole à fond épais et, sur feu très doux, faites-la chauffer pendant 5 min, sans atteindre l'ébullition.

■ Faites réchauffer les crevettes pendant 2 min dans la sauce.

■ Dressez sur des assiettes et parsemez d'aneth.

CREVETTES À LA BELGE

pour 4 personnes

Une version flamande des très célèbres tomates farcies.

4	**belles tomates pas trop mûres**
200 g	**de chair à saucisse**
200 g	**de crevettes décortiquées**
2	**échalotes finement hachées**
2 C	**de persil haché**
2	**jaunes d'œufs**
4	**pincées de sel**
4	**pincées de poivre**
	beurre pour le plat

▪ Préchauffez le four à 210°.

▪ Évidez les tomates sans en percer la peau.

▪ Préparez une farce en mélangeant la chair de tomate hachée, la chair à saucisse, les crevettes hachées, les échalotes, le persil, les jaunes d'œufs, le sel et le poivre.

▪ Farcissez les tomates avec cette préparation.

▪ Replacez les chapeaux de tomates.

▪ Rangez les tomates dans un plat allant au four, beurré très copieusement.

▪ Enfournez pour 25 min.

CREVETTES EN BEIGNETS LÉGERS

pour 4 personnes

2	**blancs d'œufs**
1 c	**de sel**
4	**pincées de poivre blanc**
1 C	**de maïzena (fécule de maïs)**
600 g	**de grosses crevettes roses cuites (de langoustines ou de gambas)**
	huile de friture

▪ Battez les blancs d'œufs en neige avec le sel et le poivre. Incorporez la maïzena.

▪ Trempez les crevettes dans cette préparation en les tenant par le dernier anneau de la queue.

▪ Faites chauffer l'huile de friture à 180°.

▪ Plongez les beignets de crevettes dedans. Cuisez-les jusqu'à ce qu'ils soient légèrement dorés, soit environ 2 min.

▪ Égouttez-les sur un papier absorbant.

▪ Dégustez avec un coulis de tomate et du riz en accompagnement.

Retirez la tête des crevettes.

Décortiquez-les, mais sans ôter le dernier anneau de la queue.

Trempez les crevettes dans la préparation de blancs d'œufs.

LA DÉCOUPE DU HOMARD

Le homard est un produit de la mer trop précieux pour qu'on ait le droit de prendre des risques en le cuisant. Or, la qualité de sa cuisson dépend souvent de celle de sa découpe.

Ce travail ne présente guère de difficultés, mais réclame cependant d'être accompli dans les règles de l'art, que le homard soit vivant ou congelé.

Choisissez un beau homard, pourvu de ses deux pinces.

S'il est surgelé, laissez-le décongeler à température ambiante ou en utilisant le four à micro-ondes. (Voir tableau, page 390-391.)

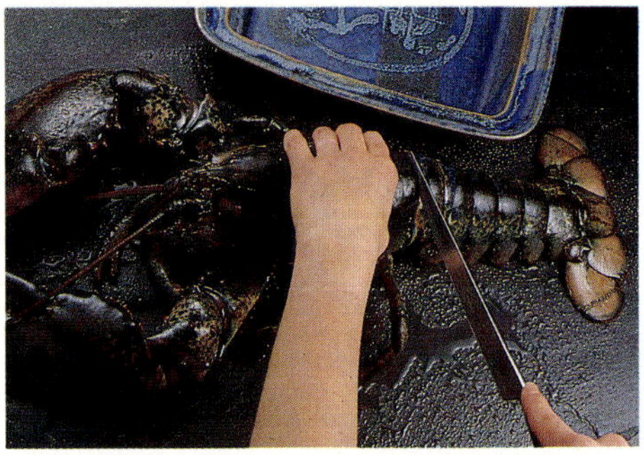

Munissez-vous d'un couteau bien tranchant.

Tranchez le homard en deux, en suivant la jointure entre le premier anneau de la queue et le coffre.

Dans un plat, récupérez le jus qui s'écoule.

Pour tout récupérer, secouez les deux parties du homard au-dessus du plat.

Découpez la queue du homard en tranchant entre chaque anneau, s'il s'agit d'un gros homard, et tous les deux anneaux si le homard est petit.

Ainsi, un gros homard vous donnera 5 belles tranches que l'on appelle « médaillons », plus le dernier anneau très charnu de la queue.

Partagez le coffre en deux dans le sens de la longueur.

Séparez chaque pince de sa moitié de coffre.

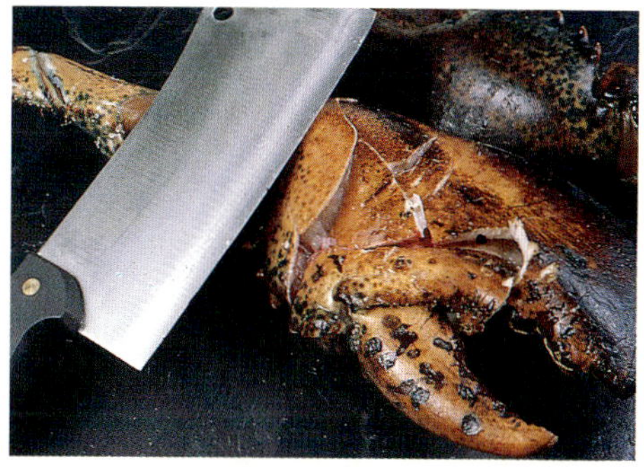

Avec le plat d'un gros couteau, brisez la carapace épaisse et dure des pinces. Cela permettra à la chair de cuire plus vite.

Récupérez le corail et le foie du homard à l'aide d'une petite cuiller. En dépit de leur allure peu engageante, ces parties crémeuses du coffre sont les plus parfumées du homard et rehausseront la saveur de la sauce.

La technique de découpe d'un homard est la même s'il s'agit d'un homard préalablement cuit au court-bouillon. Mais l'utilisation culinaire diffèrera.

BROCHETTES DE HOMARD AUX LIMES

pour 2 personnes

Ces délicates brochettes de homard peuvent également se manger froides, accompagnées d'une bonne salade verte.

Choisissez de préférence des queues de homard frais.

À l'aide d'une paire de ciseaux, incisez les cartilages du dessous des queues puis décortiquez celles-ci.

Tranchez les queues en médaillons et enfilez ceux-ci sur des brochettes de bois en intercalant une demi-tranche de lime entre chacun.

2	**queues de homard crues* d'environ 280 g chacune**
2	**limes**
½ c	**de sel**
½ c	**de poivre**
2 C	**d'huile d'olive**
2 c	**de ciboulette hachée**

- Préchauffez le four à 175°.
- Choisissez de préférence des queues de homard frais. Si elles sont congelées, faites-les d'abord décongeler parfaitement.
- À l'aide d'une paire de ciseaux, incisez les cartilages du dessous des queues ; puis décortiquez celles-ci en retirant délicatement les anneaux. En décortiquant le dernier anneau, assurez-vous de ne pas briser la pointe de chair située au bout de la queue.
- Trancher la queue en médaillons assez fins.
- Enfilez ces médaillons sur des brochettes en intercalant une fine demi-tranche de lime entre chacun. Disposez les brochettes sur une assiette allant au four.
- Couvrez de papier d'aluminium et enfournez environ 25 min.
- À mi-cuisson, retournez les brochettes. Salez, poivrez et arrosez d'huile d'olive.
- Couvrez de nouveau et achevez de cuire.
- Laissez reposer 2 min, parsemez de ciboulette hachée, puis servez.

** ou très légèrement court-bouillonnée pour en faciliter le décorticage.*

HOMARD GRILLÉ

pour 4 personnes

Choisissez impérativement de beaux homards bien vifs. Si vous en préparez deux, prenez-les de taille identique, pour qu'ils cuisent exactement dans le même temps.

Choisissez impérativement de beaux homards bien vifs et de taille identique.

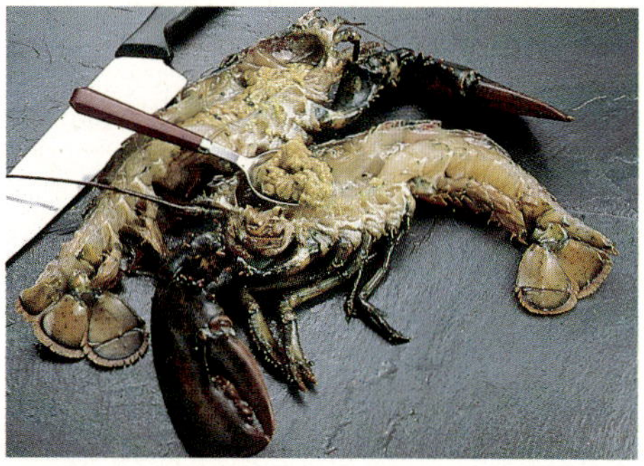

Fendez les homards en deux dans le sens de la longueur. Récupérez la partie crémeuse des coffres.

Brisez les pinces : elles cuiront mieux et plus rapidement.

2	**homards vivants d'environ 900 g**
4 C	**de crème à fouetter**
2 C	**d'échalotes hachées**
2 C	**de cerfeuil haché**
1 c	**de poivre**
½ c	**de sel**

- Préchauffez le four à 175°.
- Fendez les homards en deux dans le sens de la longueur.
- Récupérez le jus des carapaces et la partie crémeuse des coffres.
- Brisez les pinces, mais laissez-les chacune attachée à sa moitié de coffre.
- Mélangez ensemble la crème, la partie crémeuse des coffres, le jus des carapaces, l'échalote très finement hachée, le cerfeuil haché, le poivre et le sel. Travaillez à la fourchette jusqu'à l'obtention d'une pommade onctueuse.
- Disposez les demi-homards, carapaces vers le bas, dans le plat à gratin.
- Versez la pommade sur la chair. Recouvrez de papier d'aluminium. Enfournez 30 min. Découvrez pour les 10 dernières min de cuisson.

LE CRABE

« Si la chair du crabe était mieux structurée, ce serait le premier des crustacés », affirmait un gastronome du début du siècle.

Il est vrai que certains crabes nous offrent une chair d'une finesse incomparable. Mais il est tout aussi vrai que cette chair se défait en filaments et qu'elle n'est jamais aussi présentable que celle du homard.

Tourteau, dormeur, araignée de mer, étrille, crabe du Mexique, crabe des neiges, crabe des cocotiers... dresser la liste de tous les noms de crabes comestibles de notre planète demanderait des pages et des pages !

Compte tenu de sa structure, le crabe peut se consommer de deux manières : soit avec sa carapace ; dans ce cas, les pinces et les pattes sont les plus appréciées ; soit décortiqué, en salade, en cocktail comme les crevettes ; ou farci, c'est-à-dire que la chair est mélangée à d'autres ingrédients et que le tout est présenté dans le coffre de l'animal.

La plupart des recettes de homard peuvent être appliquées au crabe non décortiqué. De même que les préparations convenant aux crevettes peuvent être réalisées avec de la chair de crabe.

PINCES DE CRABE EN DÉGUSTATION

par portion

2	**belles pinces de tourteau**
1 C	**de beurre**
2	**échalotes hachées**
1 C	**de persil haché**
1 c	**de jus de citron**
2	**pincées de sel**
2	**pincées de poivre**

■ Glissez les pinces de crabe dans un sac en plastique.

■ Brisez-en la carapace avec un maillet. Le sac empêche les brisures de se répandre partout.

■ Disposez les pinces brisées dans un plat à gratin.

■ Faites fondre le beurre et additionnez-le d'échalotes, de persil, de jus de citron, de sel et de poivre.

■ Arrosez les pinces avec ce beurre.

■ Laissez macérer 15 min. Pendant ce temps, préchauffez le four à 240°.

■ Enfournez le plat et laissez cuire 10 min.

■ Arrosez souvent les pinces avec le beurre fondu en cours de cuisson, en insistant sur les parties brisées pour que ce beurre parfumé pénètre bien les chairs.

■ Servez tel quel, avec simplement quelques rondelles de citron.

■ Ces pinces se dégustent… avec les doigts.

Note : Cette recette peut se cuire au four à micro-ondes : comptez 5 min à pleine puissance, suivi de 4 min de repos.

Clams, moules, huîtres, amandes de mer et coquilles Saint-Jacques…

LES COQUILLAGES

Huîtres, moules, palourdes et coquilles Saint-Jacques demandent de très courtes cuissons ; riches en saveurs salines et iodées, ces coquillages appartiennent, sans conteste, à l'univers du gourmand.

Mais de par leur faible teneur en calories, en lipides et en hydrates de carbone, ils conviennent parfaitement aussi à ceux qui soignent leur ligne et ménagent leur santé.

La principale vertu que requiert tout coquillage, c'est la fraîcheur. Et sur cela, il faut être intransigeant.

Il est, à cet effet, recommandé de ne pas consommer les fruits de mer durant les périodes les plus chaudes de l'année. La théorie des mois en « r », déjà très ancienne, reste toujours valable. Elle proclame qu'il ne faut déguster les coquillages que durant les mois dont le nom renferme un « r ». Ce sont : « septembre, octobre, novembre, décembre, janvier, février, mars et avril ». Il est amusant de constater que ce procédé mnémonique fonctionne également en anglais.

Cette restriction ne concerne évidemment pas les coquillages que l'on peut manger au bord de la mer, ni ceux qui ont été préalablement congelés ou mis en conserve.

Cela signifie qu'à tout moment de l'année, ces petits fruits exquis des océans sont susceptibles d'égayer nos menus. En bonne saison, ils abondent dans les rayons spécialisés des hypermarchés.

HUÎTRES FRAÎCHES D'APÉRITIF

pour 4 personnes (apéritif)
ou 2 personnes (entrée)

12	**belles huîtres, un peu grasses**
75 g	**de beurre**
	le jus de 1 citron vert
3	**pincées de poivre de Cayenne**

- Préchauffez le four à 270°.

- Ouvrez les huîtres avec la pointe d'un couteau.
- Protégez toujours vos mains d'une maladresse en saisissant l'huître avec un chiffon.
- Décollez les chairs des coquilles.
- Récupérez le jus des huîtres. Filtrez-le pour éliminer tous les débris de coquille.

- Dans une casserole, faites fondre le beurre avec le jus des huîtres, le jus de citron vert et le poivre de Cayenne.
- Fouettez jusqu'à émulsion du beurre avec les autres ingrédients.

- Rangez les huîtres dans un plat allant au four. Calez-les au besoin en les déposant sur un lit de gros sel.
- Remplissez chaque huître de beurre fondu.
- Mettez au four très chaud pendant 2 min.
- Dégustez immédiatement.

HUÎTRES À LA CRÈME ET AU JAMBON

pour 4 personnes

4	**douzaines d'huîtres de belle taille**
2	**tranches assez épaisses de jambon cru**
2	**échalotes finement émincées**
200 g	**de champignons de Paris émincés**
1 C	**de jus de citron**
1	**pincée de sel**
2	**pincées de sel de céleri**
4	**pincées de poivre**
10 cl	**de crème fraîche**
2 C	**de persil haché**

■ Ouvrez les huîtres. Éliminez les coquilles.

■ Mettez de côté les chairs et le jus soigneusement filtré.

■ Dans une cocotte, versez le jus des huîtres.

■ Ajoutez le jambon coupé en lamelles, les échalotes et les champignons émincés, le jus de citron, le sel, le sel de céleri et le poivre.

■ Couvrez la cocotte et, sur feu vif, faites cuire 5 min, puis 5 autres min à découvert pour réduire le liquide.

■ Ajoutez les chairs d'huîtres.

■ Laissez cuire 1 min.

■ Incorporez la crème, parsemez de persil et faites encore cuire 1 min en remuant.

■ Servez aussitôt sur des assiettes chaudes.

SOUPE JAPONAISE AUX PALOURDES

pour 4 personnes

Un record de diététique et de délicatesse!

1,5L	**d'eau**
200 g	**de carottes taillées en fines rondelles**
8	**brins de ciboulette**
200 g	**de champignons de Paris émincés**
4 C	**d'oignon émincé**
	le jus de 2 citrons
2 C	**de sauce soja**
1 c	**de gingembre en poudre**
4	**pincées de sel**
2	**pincées de poivre**
1 kg	**de petites palourdes**

■ Dans une grande casserole, versez l'eau. Ajoutez les carottes, la ciboulette taillée en petits bâtonnets, les champignons, l'oignon, le jus de citron, la sauce soja, le gingembre, le sel et le poivre.

■ Couvrez et laissez cuire 10 min à bon frémissement.

■ Découvrez la casserole et laissez réduire un peu le liquide pendant 5 min. Il ne doit plus rester qu'environ 1 litre.

■ Ajoutez les palourdes. Réduisez le feu et laissez cuire doucement jusqu'à ce que tous les coquillages soient ouverts.

■ Servez immédiatement dans des bols.

MOULES À L'OSEILLE

pour 4 personnes

4 L	**de moules**
250 g	**d'oseille**
2	**pincées de sel**
3	**pincées de poivre**
4 C	**de crème**

■ Grattez les moules. Lavez-les et mettez-les dans une cocotte sans les égoutter.

■ Placez sur feu vif et faites cuire 8 min en remuant souvent.

■ Pendant ce temps, ciselez finement l'oseille.

■ Parsemez sur les moules sitôt qu'elles sont ouvertes. Salez et poivrez.

■ Ajoutez la crème. Poursuivez la cuisson 2 min.

■ Dégustez nature en entrée ou accompagnées de pommes de terre frites, selon la tradition belge des frites et des moules.

■ Remuez les moules en cours de cuisson. (À noter que cette recette peut très bien être préparée au four à micro-ondes avec un temps de cuisson similaire.)

■ Ciselez l'oseille.

■ Salez et poivrez. Ajoutez la crème.

Sugggestion *: Vous pouvez remplacer l'oseille par des feuilles ou branches de céleri hachées avec du persil et une petite échalote.*

COQUILLES SAINT-JACQUES «CÔTE D'AZUR»

pour 4 personnes

12	belles noix de coquilles Saint-Jacques (avec le corail, si possible)
4 C	de crème fraîche
½ c	de concentré de tomate
2	gousses d'ail hachées
4	pincées de safran
1 c	de cerfeuil haché
½ c	d'estragon haché
4	pincées de poivre
4	pincées de sel

■ Détachez les coraux (partie orangée) des noix de Saint-Jacques (partie blanche).

■ Émincez les noix en deux ou trois lamelles, dans le sens de l'épaisseur. Mettez de côté.

■ Dans le bol du robot ménager, mettez la crème, les coraux de Saint-Jacques, le concentré de tomate, l'ail, le safran, le poivre et le sel. Mixez finement.

■ Ajoutez le cerfeuil et l'estragon.

■ Faites cuire les lamelles de noix de Saint-Jacques 1 min à la vapeur et dégustez-les nappées de cette sauce d'une très grande subtilité de saveur.

■ Attention, cette sauce ne doit pas cuire car en cuisant elle devient granuleuse, alors que froide elle est d'une belle onctuosité. Si vous préfériez néanmoins la cuire, n'excédez pas 2 à 3 min et passez-la au robot ménager après cuisson pour la lisser.

COQUILLES SAINT-JACQUES SHANGHAIENNES

pour 4 personnes

12	belles noix de coquilles Saint-Jacques
½	poivron rouge
½	poivron vert
2	oignons
1 C	d'huile
2 C	de ketchup
1 C	de sauce soja
1 C	de vinaigre de vin
1 C	de ciboulette hachée
1 C	de sucre en poudre
1 c	de gingembre en poudre
3	pincées de poivre de Cayenne
2	pincées de sel

■ Partagez les noix de St-Jacques en deux dans le sens de l'épaisseur.

■ Émincez finement les poivrons et les oignons.

■ Faites-les sauter 5 min à feu vif dans une poêle avec l'huile.

■ Pendant ce temps, mélangez dans un bol le ketchup, la sauce soja, le vinaigre, la ciboulette, le sucre, le gingembre, le poivre et le sel.

■ Au bout de ce temps, ajoutez les lamelles de Saint-Jacques dans la poêle. Laissez sauter 2 min.

■ Versez le contenu du bol. Remuez bien et laissez encore cuire 3 min.

■ Savourez aussitôt avec du riz… et des baguettes.

RAGOÛT DE COQUILLAGE

pour 6 personnes

250 g	de moules décortiquées
250 g	de Saint-Jacques décortiquées
250 g	de palourdes décortiquées
250 g	d'huîtres décortiquées
1 c	de maïzena
3 C	de jus de citron
80 g	de beurre
1 C	de concentré de tomate
150 g	de petits oignons au vinaigre
4	pincées de sel
4	pincées de poivre
1 c	de paprika
2 C	de ciboulette hachée

- Décortiquez tous les coquillages à cru.
- Récupérez-en les jus. Filtrez ces jus et mettez-les de côté.
- Délayez la maïzena dans le jus de citron.
- Dans une cocotte, faites fondre le beurre.
- Faites sauter 2 min les chairs de coquillages dans ce beurre.
- Ajoutez 2 verres des jus de coquillages mélangés, le citron avec la maïzena, le concentré de tomate, les petits oignons, le sel, le poivre et le paprika.
- Laissez encore cuire 3 min à plein feu.
- Parsemez de ciboulette avant de déguster.
- Pour rendre ce ragoût encore plus original, présentez-le dans des coquilles Saint-Jacques.

LES VOLAILLES

DÉCONGELER ET FARCIR LA VOLAILLE

Comme il nous arrive à tous d'utiliser de la volaille surgelée, voici quelques conseils simples mais essentiels.

■ Placez la volaille ou les morceaux de volaille dans un plat. Mettez le plat dans un endroit tiède (sur un radiateur de chauffage central ou au-dessus de la cuisinière).

■ Laissez décongeler environ 4 h pour une volaille entière et 2 h pour des morceaux de volaille.

En sachant la farcir et la rouler, il est possible de faire d'une simple pièce de volaille, une excellente innovation culinaire.

■ Désossez la pièce de volaille puis tranchez-la en deux si elle est trop épaisse ou aplatissez-la avec la lame d'un gros couteau.

■ Placez la farce* au centre et roulez la pièce sur elle-même.

■ Il convient à ce moment d'empêcher la farce de s'échapper lors de la cuisson. Trois solutions se présentent.

** Pour les farces, voir pages suivantes.*

Première solution

■ Avec une aiguille à brider, du fil de cuisine et un peu de pratique, vous pouvez coudre la pièce roulée. Cela ne présente guère de difficultés.

Deuxième solution

■ Avec le même fil de cuisine, vous pouvez ficeler la pièce, comme un rôti, ce qui est encore plus simple.

Troisième solution

■ Vous pouvez aussi, ce qui est en fin de compte le plus facile, déposer la pièce à rouler sur une feuille de pellicule plastique, de papier sulfurisé ou de papier d'aluminium, selon la méthode de cuisson employée.

■ Roulez la pièce dans le matériau choisi.

Lorsqu'elle est cuite à point, subtilement parfumée, la roulade, cousue, ficelée ou entourée de feuilles de cuisson, est prête à la dégustation.

Après l'avoir détortillée, tranchez la roulade, ce qui laissera apparaître, de manière appétissante, la viande et sa farce.

DES FARCES* ET DES SAUCES

La volaille entière, dinde, poule, poulet, canard, etc., gagne souvent à être farcie. Il en va de même des paupiettes et autres roulades (voir page 200). Voici donc quelques suggestions de farces qui relèveront la saveur de vos volatiles.

Farce de Noël

■ Ingrédients : champignons, pain blanc, foies de volaille, chair à saucisse, conserve de marrons au naturel, échalotes, persil, thym, tomate, jus de citron, poivre et sel.
■ Passez le tout au mélangeur et farcissez-en la volaille.

Farce aux fruits

■ Ingrédients : pommes, oranges, limes, branches de céleri, oignons, ail, crème fraîche, gruyère râpé, gingembre, poivre et sel.
■ Passez le tout au mélangeur et farcissez-en la volaille.

Farce aux mendiants

■ Ingrédients : jambon, œuf, crème fraîche, banane, noix de coco, pistaches, abricots secs, noix diverses, persil, cannelle, poivre de Cayenne et sel.
■ Passez le tout au mélangeur et farcissez-en la volaille.

La meilleure des sauces pour une volaille, c'est bien souvent et tout simplement son jus de cuisson. Toutefois, l'addition durant la cuisson d'aromates bien choisis peut sensiblement rehausser la saveur de ce jus et le transformer en une véritable sauce, subtile et originale. Voici donc trois succulentes sauces.

Sauce mexicaine

■ Ingrédients : poivrons rouges et verts, piments, grains de maïs, jus de citron vert, tequila (quelques gouttes), paprika et sel.
■ Coupez tous les ingrédients en cubes de la taille des grains de maïs, puis ajoutez les liquides et les épices.
■ Incorporez au jus à mi-cuisson.

Sauce façon Cumberland

■ Ingrédients : jus d'orange, jus de citron, vinaigre de xérès, conserve de myrtilles ou de groseilles nature, menthe fraîche, sucre en poudre, gingembre, zestes d'orange, poivre et sel.
■ Mélangez tous les ingrédients et incorporez au jus à mi-cuisson.

Sauce Corsica

■ Ingrédients : courgettes, tomates, thym, origan, ail, jus de tomate, jus de citron vert, sauce tabasco (modérément) et sel.
■ Coupez courgettes et tomates en tout petits cubes. Hachez les herbes et l'ail. Mélangez le tout et incorporez au jus à mi-cuisson.

** Les ingrédients de base : légumes, fruits, viandes, pain, etc. sont à part égale ; vous doserez les aromates au goût, dans des quantités évidemment moindres.*

FARCE DE LA MER

pour 4 personnes

24	**huîtres**
120 g	**de crevettes décortiquées**
1	**branche de céleri**
1	**petit poireau émincé**
4 C	**de chapelure**
2	**œufs entiers**
2 C	**de persil haché**
1 c	**de poivre**
1 c	**de sel**

- Ouvrez les huîtres. Égouttez les chairs.
- Dans le bol du mixer, mettez les chairs d'huîtres, les crevettes décortiquées, le céleri émincé, le poireau tronçonné et la chapelure.
- Hachez grossièrement.
- Ajoutez les œufs, le persil, le poivre et le sel. Bien mélanger.
- Versez le tout dans une casserole à fond épais et, sur feu très doux, faites cuire 8 min en remuant.
- Pour farcir une volaille entière ou des paupiettes, cette préparation communiquera une saveur exquise tout en apportant une humidité qui maintiendra les chairs tendres et moelleuses.

LA DINDE, TRADITION ET MODERNITÉ

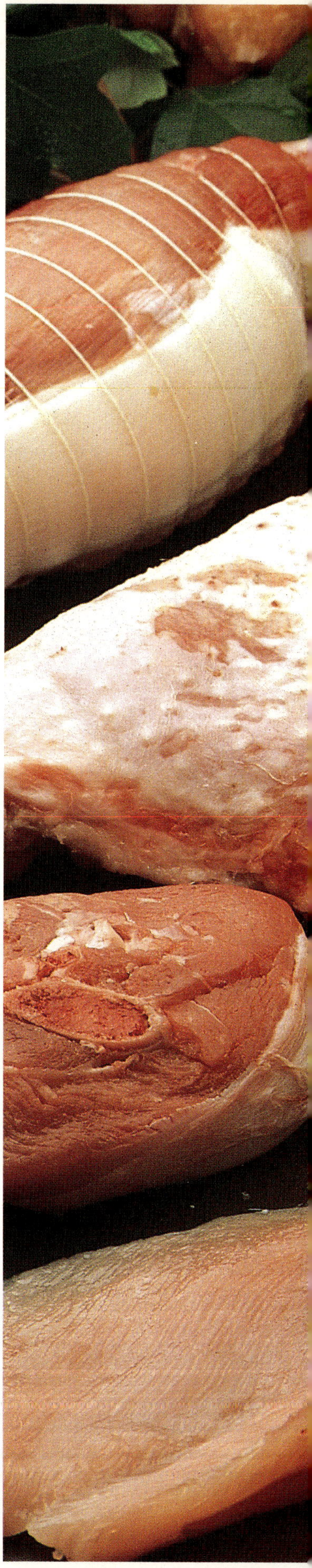

Très longtemps, la dinde est restée cantonnée dans le quartier de la cuisine des fêtes. Par tradition, il était d'usage de manger une dinde par an, à l'occasion des fêtes de Noël, et sans plus !

On la cuisait entière pendant des heures, l'arrosait de son jus et la servait avec des marrons et des pommes de terre.

Cela était superbe, certes, et le demeure.

Mais pourquoi se priver de ce délicieux volatile tout le reste de l'année? Alors que sa chair est à l'évidence la plus économique et la plus saine qui soit !

Ce serait d'autant plus dommage que la dinde est offerte aujourd'hui dans tous les hypermarchés en une grande variété de coupes que l'on peut rapidement apprêter pour satisfaire les palais les plus difficiles.

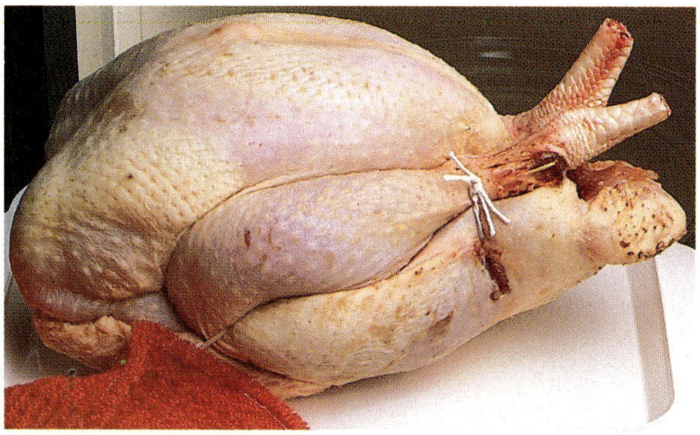

- Cette dinde de 6 kg réjouira une grande tablée (8 à 12 personnes) à l'occasion d'un réveillon.
- Vous la farcirez selon votre goût (voir recettes pages 150 et 151), la cuirez à four moyen (210°) pendant 4 h en l'arrosant souvent et en la couvrant d'un papier d'aluminium si elle s'avisait de brûler.
- Ajoutez un petit peu de bouillon au départ.

LES NOUVELLES COUPES DE DINDE

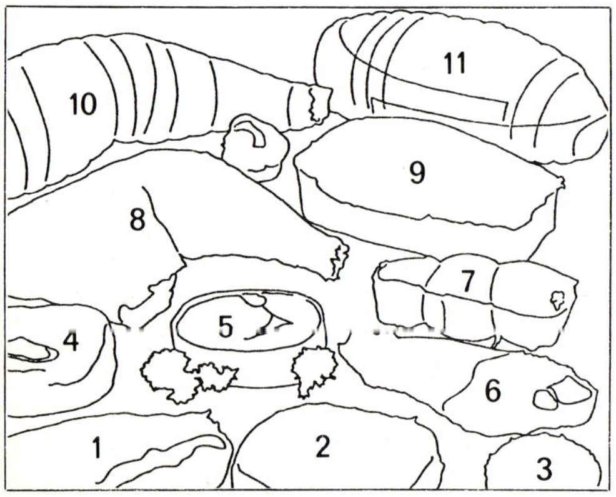

(*de bas en haut et de gauche à droite*)

1 Filet de dinde
2 Médaillon de dinde pané
3 Crépinette de dinde
4 Sauté de dinde
5 Tournedos de dinde
6 Aileron de dinde
7 Paupiettes de dinde
8 Cuisse de dinde
9 Rôti de dinde fumé
10 Cuisse de dinde roulée et désossée
11 Rôti de dinde nature

AILERONS DE DINDE CONFITS AU CITRON

pour 2 personnes

U*n délicat parfum d'exotisme !*

1	**verre de sauce soja**
3 C	**de jus de citron**
4	**ailerons de dinde**
2	**poires pelées**
3 C	**de marmelade de citron**
2	**pincées de sel**
3	**pincées de poivre**

▪ Mélangez la sauce soja et le jus de citron.

▪ Mettez-y les ailerons de dinde à mariner pendant 1 h.

▪ Protégez le bout des ailerons avec du papier d'aluminium pour éviter qu'ils ne noircissent en cuisant.

▪ Faites cuire les poires 25 min dans une eau frémissante.

▪ Préchauffez le four à 240°.

▪ Nappez les ailerons égouttés de marmelade de citron. Salez et poivrez.

▪ Enfournez pour 20 min.

▪ Émincez finement les poires et servez-les avec les ailerons confits.

Mettez les ailerons à mariner pendant 1 heure.

Protégez le bout des ailerons avec du papier d'aluminium.

Nappez les ailerons de marmelade de citron.

Servez les ailerons confits avec les poires émincées.

LES CUISSES DE DINDE

On trouve dans le commerce, des cuisses de dinde entières ou roulées. Les premières sont encore pourvues de leur peau et de leurs os, tandis que les secondes ont été dépouillées, désossées, roulées et ficelées. Vous emploierez les unes ou les autres, selon vos préférences. Tenez compte, cependant, qu'à poids égal une cuisse roulée comporte davantage de chair qu'une pièce avec os et que, si elle est plus facile à trancher, elle sera sans doute un peu moins délicieuse, l'os comptant pour beaucoup dans la saveur.

Cuisses entières et roulées

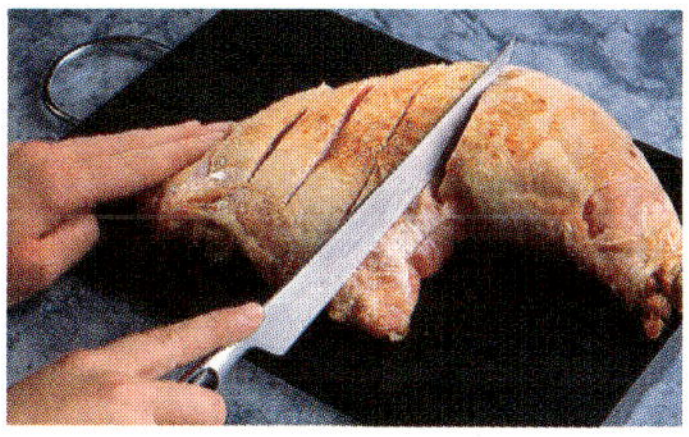

Préparation d'une cuisse de dinde

■ Faites dorer la cuisse pendant 5 min au four.

■ Avant de poursuivre la cuisson, entaillez la cuisse tous les 3 cm sur 1,5 cm de profondeur. De cette façon, la cuisson sera plus rapide et la sauce pénétrera mieux les chairs.

GIGOT DE DINDE AU GROS SEL

pour 4 personnes

Le terme de « gigot », je l'avoue, ne s'emploie guère à propos d'une cuisse de dinde. Mais ne trouve-t-on pas aujourd'hui des dindes plus grosses que des agneaux ? Inutile, dans cette recette, d'entailler la cuisse.

15 cl	**de sauce soja**
4 C	**de vinaigre de vin**
1	**belle cuisse de dinde (environ 800 g)**
500 g	**de gros sel de mer**
2 C	**d'herbes séchées mélangées (persil, ciboulette, estragon, etc.)**
2 C	**de 4-épices**
2 C	**de poivre concassé**
600 g	**de haricots blancs cuits**

- Mélangez dans un bol la sauce soja et le vinaigre.
- Badigeonnez-en la cuisse à plusieurs reprises.
- Dans un autre bol, mélangez le gros sel, les herbes séchées, le 4-épices et le poivre concassé.
- Préchauffez le four à 210°.
- Roulez la cuisse dans le mélange au gros sel pour l'enrober le plus uniformément possible.
- Enveloppez-la dans un papier sulfurisé ou un film plastique de cuisson. Fermez de manière à former une papillote.
- Enfournez pour 40 min.
- Après la cuisson, débarrassez la cuisse de dinde bien dorée du gros sel et dégustez-la avec un plat de haricots blancs.

PETITES CUISSES AU BEURRE D'ANCHOIS

pour 4 personnes

Vous pouvez diviser par cinq la teneur en lipides de cette recette en supprimant le beurre !

6	**filets d'anchois à l'huile**
75 g	**de beurre**
4 C	**de yaourt nature**
1 c	**d'ail haché**
1 C	**de cerfeuil haché**
1	**pincée de thym**
1 c	**de câpres**
1 c	**de concentré de tomate**
½ c	**de poivre en poudre**
3	**pincées de sel**
2	**cuisses de petite dinde (environ 400 g chacune)**

■ Préchauffez le four à 240°.

■ Dans un bol, mélangez les filets d'anchois, le beurre, le yaourt, l'ail, le cerfeuil, le thym, les câpres, le concentré de tomate, le poivre et le sel. Malaxez le tout.

■ Disposez chaque cuisse sur un carré de papier sulfurisé.

■ Tartinez les cuisses de la préparation à l'anchois.

■ Repliez en papillote.

■ Enfournez pour 25 min.

■ Dégustez aussitôt, arrosé d'un filet de citron.

CUISSE DE DINDE À LA SEYCHELLOISE

pour 4 personnes

Savourez cette recette inspirée de la cuisine seychelloise, accompagnée d'épinards au naturel.

1	**belle cuisse de dinde (environ 800 g)**
4 C	**de jus de tomate**
2 C	**de jus de citron vert**
2 C	**d'oignon finement émincé**
1 C	**d'ail finement haché**
2 C	**de persil haché**
1 c	**de thym haché**
3 C	**de sauce soja**
5 C	**de sucre en poudre**
1 C	**de curry en poudre**
1 c	**de poivre noir concassé**
½ c	**de sel**
600 g	**d'épinards cuits**

■ Préchauffez le four à 210°.

■ Faites dorer 5 min la cuisse avec un peu de beurre et entaillez-la comme indiqué à la page 155.

■ Préparez la sauce en mélangeant dans un bol le jus de tomate, le jus de citron vert, l'oignon, l'ail, le persil, le thym, la sauce soja, le sucre en poudre, le curry, le poivre et le sel. Bien remuez.

■ Disposez la cuisse dans un plat allant au four.

■ Nappez avec la sauce. Enfournez pour 35 min en arrosant toutes les 5 min.

■ Préparez la sauce seychelloise.

GIGOLETTE DE DINDE À LA BIÈRE

pour 4 personnes

Originaire de Belgique, ce plat saura séduire même ceux qui n'apprécient pas vraiment la bière, tant elle est discrète une fois cuite.

1	**cuisse de dinde roulée (environ 800 g)**
1 C	**de maïzena**
2 C	**de sauce soja**
½	**canette de bière blonde**
2 C	**de persil haché**
½ c	**de poivre**
½ c	**de sel**
600 g	**d'endives cuites**

■ Procédez exactement comme pour la cuisse de dinde à la seychelloise, mais en remplaçant les ingrédients de la sauce par une sauce constituée de la maïzena délayée dans la sauce soja, additionnée de bière blonde, de persil, de poivre et de sel.

■ Dégustez avec des endives cuites à la vapeur.

«CUISSOT» DE DINDE AU VIN ROUGE

pour 4 personnes

S*avourez cette excellente recette bourguignonne avec des épinards, du riz ou des pommes de terre à l'eau.*

1	**cuisse de dinde roulée (environ 800 g)**
50 g	**de beurre**
1 C	**de farine**
1	**grand verre de bon vin rouge**
½	**cube de bouillon de poulet**
100 g	**de petits oignons**
100 g	**de champignons émincés**
2 C	**de persil haché**
½ c	**de sel**
½ c	**de poivre**

■ En cocotte, faites dorer la cuisse dans le beurre.
■ Saupoudrez avec la farine.
■ Mouillez avec le vin rouge.
■ Ajoutez le demi-cube de bouillon émietté, les oignons, les champignons, le persil, le sel et le poivre. Remuez.
■ Couvrez et laissez cuire doucement pendant 40 min.

CUISSE À LA MOUTARDE

pour 4 personnes

Dégustez avec une salade de céleri en branches comme garniture. Une succulente adaptation du fameux lapin à la moutarde.

½	**pot de yaourt**
4 C	**de crème fraîche**
2 C	**de moutarde forte**
2 c	**de jus de citron**
½ c	**de poivre blanc**
½ c	**de sel**
1	**cuisse de dinde (environ 800 g)**
600 g	**de céleri en branches (en salade)**

- Préchauffez le four à 210°.
- Dans un bol, mélangez le yaourt, la crème, la moutarde, le jus de citron, le poivre et le sel.
- Disposez la cuisse de dinde dans un plat allant au four.
- Badigeonnez-la de la préparation à la moutarde.
- Enfournez pour 40 min en arrosant toutes les 5 min.

ROULADE EN PAPILLOTE DE CHOU

pour 4 personnes

Cette roulade est plus facile à exécuter qu'à décrire ; le plus simple est encore de bien observer la photo pour comprendre la disposition des ingrédients.

1	**chou vert frisé**
500 g	**de filet de dinde**
6	**pincées de sel**
3	**pincées de poivre**
	vinaigrette comme accompagnement

- Effeuillez le chou en éliminant les premières feuilles souvent dures et abîmées.
- Blanchissez-les 3 min à l'eau bouillante salée puis égouttez-les soigneusement.
- Tranchez les filets de dinde en deux dans le sens de l'épaisseur pour qu'ils soient plus faciles à rouler.
- Étalez une feuille de chou sur un plan de travail, disposez un filet dessus, puis une feuille de chou plus petite, suivie d'un deuxième filet également plus petit et ainsi de suite jusqu'au centre de la roulade.
- Salez et poivrez entre chaque couche.
- Roulez le tout et ficelez ou enveloppez d'un film plastique (voir page 148).
- Faites cuire 15 min à la vapeur.
- Tranchez la roulade et dégustez chaud ou froid, avec une vinaigrette bien relevée.

ESCALOPES DE DINDE ET PANURES

Une polémique naîtra sans doute autour de cette substitution de la dinde au veau dans cette recette on ne peut plus traditionnelle. À qui la faute : aux producteurs de dinde ou de veau ?

Les escalopes de dinde se découpent dans le filet, de part et d'autre du sternum de l'animal. On les trouve dans le commerce nature, panées ou fourrées. Les escalopes panées sont en général de forme ovale et se vendent surgelées et enrobées d'une fine chapelure. Les escalopes fourrées, souvent rondes et la plupart du temps surgelées, sont constituées de deux minces tranches de filet enfermant une lamelle de jambon et du fromage à fondre.

Vous pouvez facilement paner vous-même vos escalopes ; cela vous permettra de composer des panures originales et de varier les saveurs. Si la chapelure, mie de pain séchée et réduite en poudre, est la panure la plus classique, d'autres ingrédients peuvent remplir le même office : graines de sésame, noix de coco râpée, persil haché, gruyère ou parmesan râpé, etc. En ce domaine, laissez libre cours à votre imagination et à vos goûts.

Respectez toutefois les quelques conseils suivants.

- Battez un œuf avec 1 c d'eau.
- Trempez les escalopes dans ce mélange en les humectant bien des deux côtés.
- Passez-les ensuite dans la panure de votre choix en les enrobant uniformément.

- Faites cuire les escalopes panées à la poêle, à feu vif, dans un peu de beurre, pendant 6 min en les retournant à mi-cuisson.

ESCALOPES DE DINDE MILANAISE

pour 4 personnes

4	**escalopes de dinde (de 180 g chacune, environ)**
1	**œuf**
1 c	**d'eau**
75 g	**de chapelure**
2 C	**de parmesan râpé**
2 c	**d'origan en poudre**
2 c	**de persil frais haché**
1 c	**de paprika**
½ c	**de poivre**
½ c	**de sel**
1 C	**d'huile**
20 cl	**de sauce tomate**
600 g	**de tagliatelle cuites**

■ Si les escalopes de dinde sont trop épaisses, émincez-les.

■ Battez l'œuf avec l'eau.
■ Mélangez chapelure, parmesan, origan, persil, paprika, poivre et sel.

■ Trempez les escalopes dans l'œuf battu, puis passez-les dans la panure.

■ Dans une poêle, à feu vif, faites cuire les escalopes dans l'huile pendant 6 min en les retournant à mi-cuisson.
■ Servez avec de la sauce tomate et des tagliatelle.

SCALOPPINES ET PICCATAS

La cuisine italienne traditionnelle nous a donné les scaloppines, c'est-à-dire de très fines escalopes de veau. Nous élargirons sans complexe le champ de cette appellation à la dinde, qui s'y prête magnifiquement.

Scaloppines

À cause de leur minceur, les scaloppines ont l'avantage de cuire très rapidement (3 à 4 min) tout en restant moelleuses.

Vous les taillerez directement dans une pièce de filet de dinde ou en émincant des escalopes déjà préparées. Elles doivent avoir approximativement la taille et l'épaisseur d'une rondelle d'orange.

Les *piccatas* sont des lamelles de viande à peu près de la taille d'une frite. Elles cuisent en un éclair (2 min à 2 min 30) et s'accommodent de nombreuses sauces.

Vous les taillerez dans des escalopes de dinde à l'aide d'un couteau bien aiguisé.

QUELQUES DÉLICIEUSES SAUCES POUR ESCALOPES, SCALOPPINES ET PICCATAS

proportions données pour 1 personne

Sauce au curry

2 C	de crème fraîche
1 c	de moutarde forte
½ c	de curry en poudre
1	pincée de poivre
1	pincée de sel
1	pincée de romarin haché

■ Mélangez tous les ingrédients et versez sur la viande 2 min avant la fin de la cuisson.

Sauce aux baies roses

2 C	de yaourt nature
1 c	de jus de citron
1 c	de baies roses (ou, à défaut, de poivre vert)
1	pincée de poivre
1	pincée de sel

■ Mélangez tous les ingrédients et versez sur la viande 2 min avant la fin de la cuisson.

Sauce marinière

2 C	de crème allégée
1 C	de beurre de crevettes
1 c	de cerfeuil haché
1	pincée de poivre de Cayenne

■ Mélangez tous les ingrédients et versez sur la viande 2 min avant la fin de la cuisson

Sauce au citron

2 C	de gelée de citron
1/2 c	d'ail haché
1 c	de jus de citron
2	pincées de gingembre en poudre
1	pincée de poivre
1	pincée de sel

■ Mélangez tous les ingrédients et versez sur la viande 2 min avant la fin de la cuisson.

Sauce au porto

1 C	de porto
1 C	de miel
1 c	de cognac
1 c	de sauce soja
1	pincée de poivre
1	pincée de sel

■ Mélangez tous les ingrédients et versez sur la viande 2 min avant la fin de la cuisson. Ajoutez éventuellement quelques grains de raisin.

Sauce au thym frais

1 C	de miel
1 C	de vinaigre de vin
1 c	de thym frais haché
1	pincée de poivre
1	pincée de sel

■ Mélangez tous les ingrédients et versez sur la viande 2 min avant la fin de la cuisson.

ESCALOPE DIÈTE-GOURMANDE

pour 4 personnes

La rencontre savoureuse de la diététique et de la gourmandise.

4	**escalopes de dinde (de 180 g chacune, environ)**
½ c	**de poivre**
½ c	**de sel**
2 C	**de persil haché**
1 C	**de cerfeuil haché**
1 c	**d'estragon haché**
½ c	**de thym haché**
½ c	**de romarin haché**
2	**citrons**
1 c	**de piment rouge haché**
	salade verte en accompagnement
	sauce au tofu (voir ci-contre)

- Posez les escalopes sur un rectangle de papier sulfurisé après les avoir salées et poivrées des deux côtés.
- Parsemez d'un hachis d'herbes (persil, cerfeuil, estragon, thym et romarin).
- Ajoutez de très fines rondelles de citron et quelques lamelles de piment rouge.
- Refermez en papillote et faites cuire 10 min à la vapeur.
- Accompagnez d'une salade verte et nappez de sauce au tofu.

Sauce au tofu

Riche en protéines mais faible en lipides, le tofu est un aliment très sain que l'on peut substituer au beurre et à la crème dans de nombreuses sauces. Tiré du soja, le tofu se prépare aussi en salade et peut-être ajouté à la place d'une viande dans un potage ou un bouillon.

- Si vous avez conservé votre tofu dans de l'eau fraîche, ce qui est recommandable, égouttez-le et coupez-le en petits cubes. Comptez 150 g de tofu pour 4 personnes.
- Hachez grossièrement un brin de persil et un oignon.

- Passez le tout au mixer avec le jus d'un citron, 15 cl de jus de tomate, une cuillerée à soupe de sauce soja et 3 pincées de poivre.
- Versez en casserole et faites cuire 8 min à petit feu.
- Fouettez vivement la préparation et passez-la au chinois avant de napper votre escalope.

ESCALOPES À LA HONGROISE

pour 4 personnes

Le paprika, épice reine de la cuisine magyare, donne à cette recette originaire d'Europe centrale une couleur appétissante et une saveur appuyée.

4	**escalopes de dinde (de 180 g chacune, environ)**
2 C	**de paprika**
40 g	**de beurre**
1 C	**d'oignon râpé**
2 C	**de pomme râpée**
1 C	**de jus de citron vert**
1 C	**de persil haché**
2	**pincées de poivre de Cayenne**
½ c	**de sel**
600 g	**de chou rouge cuit**

■ Saupoudrez les escalopes de paprika des deux côtés.

■ Dans une poêle à feu vif, faites-les cuire dans le beurre pendant 6 min en les retournant à mi-cuisson.

■ Mélangez l'oignon râpé, la pomme râpée, le jus de citron vert, le persil haché, le poivre et le sel dans un bol.

■ Versez cette préparation sur les escalopes 2 min avant la fin de la cuisson.

■ Servez avec un plat de chou rouge en accompagnement.

ESCALOPES DE DINDE CORDON-BLEU

pour 4 personnes

L'*un des plus grands classiques de la cuisine internationale, adapté à la dinde.*

4	escalopes de dinde (de 180 g chacune, environ)
2 C	de beurre
1 C	de farine
½ c	de poivre
½ c	de sel
4	fines tranches de jambon cru
4	tranches de fromage à fondre
100 g	de champignons émincés
1 C	de persil haché
	beurre pour le plat à gratin

■ Fendez chaque escalope en deux dans le sens de l'épaisseur, mais sans détacher complètement les deux parties pour pouvoir les refermer.

■ Maniez le beurre avec la farine, le poivre et le sel. Préchauffez le four à 240°.

■ À l'intérieur de chaque escalope, mettez une tranche de jambon, une tranche de fromage, un peu de champignons et une pincée de persil.

■ Parsemez de noisettes de beurre manié et refermez les escalopes.

■ Disposez-les dans un plat à gratin beurré et enfournez pour 8 min, en retournant les escalopes à mi-cuisson.

OSSO BUCCO DE DINDE

pour 4 personnes

Dans cette magnifique recette italienne, le veau cède encore une fois la place à la dinde.

1 kg	**de sauté de dinde***
2 C	**d'huile d'olive**
15 cl	**de jus de tomate**
2 C	**d'échalote émincée**
2 c	**d'ail haché**
2 c	**d'estragon haché**
1 c	**de maïzena**
	le jus de 1 orange
	le jus de 1 citron
4	**pincées de poivre de Cayenne**
½ c	**de sel**
600 g	**de brocolis cuits en accompagnement**

** Le sauté de dinde, étant coupé dans la cuisse, renferme un gros os ; en conséquence, il faut compter environ 250 g par personne.*

■ En cocotte, faites dorer 5 min les morceaux de sauté de dinde dans l'huile d'olive, à feu vif.
■ Ajoutez alors le jus de tomate, les échalotes, l'ail et l'estragon.

■ Délayez la maïzena dans le jus d'orange additionné du jus de citron, du poivre de Cayenne et du sel.
■ Versez dans la cocotte. Remuez.
■ Couvrez et faites cuire 20 min à feu doux, puis 5 nouvelles min à découvert, en montant légèrement le feu. Servez avec des brocolis.

LA DINDE EN SALADE

ou L'art d'utiliser les restes

***On** hésite souvent sur la manière d'apprêter les restes de dinde ou de toute autre volaille. Que faire en effet d'une carcasse encore bien garnie de viande, d'un aileron, d'un pilon ou d'une escalope ?*

La confection d'une salade, agréable et originale, est souvent la solution à ce genre de problème. Selon la quantité des restes et le nombre de convives, vous pourrez la servir comme entrée ou en plat principal.

Cuisez d'abord la viande, si ce n'est déjà fait, puis débitez-la en petits cubes ou en fines lanières. Procédez ensuite à l'inventaire de vos ressources alimentaires : fruits, légumes ou autres restes conservés au réfrigérateur. Cela fait, et avec un rien d'imagination, vous pourrez préparer une délicieuse salade mixte que la volaille viendra enrichir. Voici, par exemple, quelques suggestions de compositions aussi simples que délectables.

Tomate surprise

1 portion

1	**grosse tomate**
100 g	**de chair de dinde cuite**
1 C	**de sauce soja**
2 C	**de riz cuit**
1	**quartier de pomme**
2 C	**de crevettes décortiquées**
1 C	**de persil haché**
1 C	**de sauce cocktail**

■ Évidez la tomate sans en percer la peau. Éliminez les pépins et hachez la chair en petits cubes.

■ Faites mariner la dinde finement coupée dans la sauce soja pendant 15 min.

■ Mélangez ensuite la dinde dans un bol avec la chair de tomate, le riz cuit, le quartier de pomme émincé, les crevettes, le persil et la sauce cocktail.

■ Farcissez la tomate de cette préparation et servez bien frais.

■ Vous pouvez remplacer les crevettes par de la chair de crabe, des moules, des petites palourdes ou du thon émietté.

Avocat farci à la dinde

1 portion

½	**avocat**
100 g	**de chair de dinde cuite**
1 C	**de vinaigre de vin**
2 C	**de poivron rouge émincé**
50 g	**de tofu (facultatif)**
1 C	**de mayonnaise**

■ Dénoyautez un avocat et, à l'aide d'une petite cuiller, récupérez la chair d'une moitié en prenant bien soin de ne pas percer la peau.

■ Faites mariner la dinde finement coupée 15 min dans le vinaigre de vin.

■ Mélangez ensuite dans un bol la chair d'avocat avec la dinde, le poivron rouge, le tofu en boulettes ou en petits cubes et la mayonnaise.

■ Garnissez-en le demi-avocat et servez bien frais.

■ Beaucoup plus riche que les deux recettes suivantes, cette salade devra être suivie ou précédée d'un plat très léger, un poisson grillé ou des légumes à la vapeur, par exemple.

Dinde en fruit

1 portion

1	**pamplemousse**
100 g	**de chair de dinde cuite**
¼ c	**de grains de poivre**
1	**pincée de sel**
2 C	**de céleri émincé**
1 C	**de vinaigrette**
1 C	**de crème allégée**

■ À l'aide d'un couteau spécial à lame incurvée, évidez le pamplemousse. Récupérez le jus, ainsi que la chair que vous taillerez en cubes en éliminant la peau blanche.

■ Coupez finement la dinde, puis faites-la mariner 15 min dans le jus de pamplemousse additionné du poivre et du sel.

■ Mélangez ensuite dans un bol la chair de pamplemousse avec la dinde, le céleri, la vinaigrette et la crème.

■ Garnissez-en l'écorce de pamplemousse et servez bien frais. Pour un superbe effet décoratif, utilisez des pamplemousses rouges et blancs et mélangez-en la chair.

LE POULET

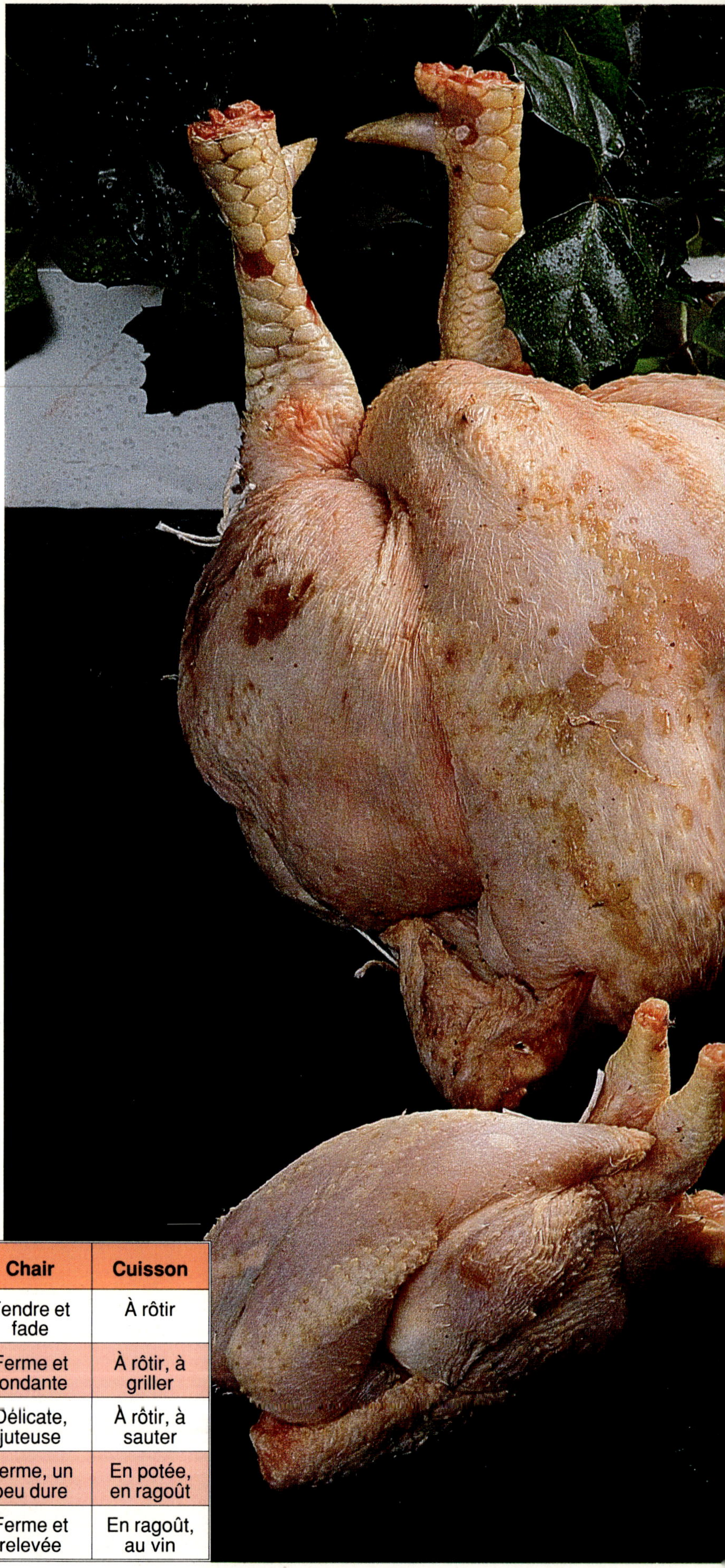

Le poulet, aliment noble et universel

Jadis réservé aux princes, naguère privilège du dimanche accessible aux bourgeois, le poulet est aujourd'hui l'une des viandes les moins chères, que tous (ou presque tous) consomment régulièrement.

C'est certainement de cette universalité autant que de sa remarquable saveur et sa texture délicate, que le poulet tire sa noblesse. Il est en outre simple et rapide à cuisiner, comme nous allons le constater dans les pages suivantes...

Les différentes sortes de poulets

Les poulets portent divers noms, offrent des chairs différentes et se prêtent à des modes de cuisson variés selon leur sexe, leur âge et leur poids.

La photo ci-contre illustre la plupart des variétés de poulets et le tableau ci-dessous contient assez de caractéristiques pour vous permettre d'acheter désormais vos volatiles en toute connaissance de cause.

Nom	Sexe	Âge	Poids	Chair	Cuisson
Poussin (*en bas, à droite*)	Mâle et femelle	2 à 2 mois et demi	Moins de 450 g	Tendre et fade	À rôtir
Coquelet (*en bas, au centre*)	Mâle et femelle	3 à 3 mois et demi	Autour de 650 g	Ferme et fondante	À rôtir, à griller
Poulet à rôtir (*en bas, à gauche*)	Mâle et femelle	4 à 5 mois	Environ 1,3 kg	Délicate, juteuse	À rôtir, à sauter
Poule (*en haut, à gauche*)	Femelle	Plus de 7 mois	900 g et plus	Ferme, un peu dure	En potée, en ragoût
Coq (*en haut, à droite*)	Mâle	Plus de 9 mois	De 1,8 kg à 3 kg	Ferme et relevée	En ragoût, au vin

La qualité et la saveur des poulets à rôtir varient selon la race de l'oiseau et les méthodes d'élevage. Il est important de bien choisir son marchand ou une bonne marque.

Notons au passage que, même s'il devient difficile de trouver d'excellents poulets de ferme, la qualité moyenne des produits offerts, et particulièrement dans les grandes surfaces, s'améliore sans cesse.

Signalons aussi que, en saison, on peut encore trouver dans les campagnes des poulardes, c'est-à-dire des femelles engraissées de 7 à 8 mois et pesant environ 3,5 kg, succulentes, mais chères; ainsi que des chapons, mâles castrés du même âge, engraissés aussi, dont le goût et la texture n'ont de comparables que les prix élevés.

Des jus et des sauces légères

Le poulet libère, en cuisant, un jus d'une grande délicatesse. D'ailleurs, dans la cuisine traditionnelle, ce jus sert de base à bon nombre de bouillons, de consommés et de sauces.

Devant tant de finesse, il serait dommage, quand on cuit un poulet, de noyer son jus exquis et sain, sous un fatras d'aromates et de l'alourdir par un excès de matières grasses.

Une nouvelle conception des sauces

La cuisine contemporaine, dite moderne ou nouvelle, nous a donné bien des faux cuisiniers, mais aussi de grands maîtres à l'art sublime. Que l'on soit pour ou contre cette cuisine, il faut bien reconnaître qu'elle nous a appris à rechercher le goût véritable des aliments, ce que les Asiatiques pratiquent depuis des temps immémoriaux.

Finies les sauces lourdes qui mijotent durant des heures sur un coin de fourneau! Finies les sauces farineuses, incolores et sans saveurs qui vous poussent à la sieste dès la dernière bouchée avalée!

L'une de nos priorités sera incontestablement la préparation de sauces légères autant que savoureuses.

Des sauces en un éclair

Dans les pages qui suivent, nous allons bien sûr donner la vedette au poulet, mais aussi à la rapidité. À l'exception de quelques plats d'inspiration classique, nous vous proposons des recettes dans lesquelles les sauces se font naturellement, en même temps que la cuisson du poulet et aussi rapidement qu'elle.

Dégraisser une sauce

Le jus de cuisson d'une volaille est parfois un peu trop gras. Le cas échéant, il ne faut pas hésiter à éliminer cet excédent nuisible à la santé et à la gourmandise.

Pour dégraisser, il existe des saucières et des louches spéciales, conçues pour tirer partie de la différence de densité entre le maigre, qui coule, et le gras, qui flotte. À défaut de ces ustensiles, voici une méthode infaillible que j'emploie personnellement toujours.

- Étalez une feuille de papier absorbant à la surface du liquide à dégraisser. Dès qu'il est imbibé de graisse, retirez-le d'un geste vif.
- Recommencez l'opération avec un nouveau papier absorbant et ainsi de suite jusqu'à ce qu'il n'y ait plus de gras.
- Un dernier petit conseil : exécutez ce travail au-dessus de l'évier, pas sur la nappe!

TAJINE MAROCAINE

pour 4 personnes

Cette recette simple et subtilement parfumée vous rappellera que la cuisine marocaine est incontestablement l'une des meilleures du monde.

2 c	**de graines de coriandre**
2 c	**de poivre concassé**
2 c	**de graines de cumin**
2 c	**de safran**
1 c	**de sel**
4	**ailes de poulet***
4	**cuisses de poulet***
2 C	**d'huile d'olive**
4 C	**de persil haché**
8 C	**d'oignon émincé**
2 C	**d'ail haché**
4	**citrons en fines rondelles**
2 C	**de sucre en poudre**
1	**verre d'eau chaude**

- Mélangez la coriandre, le poivre, le cumin, le safran, le sel et réduisez le tout en poudre assez fine avec un mortier ou en roulant ces épices entre vos doigts.
- Badigeonnez les ailes et les cuisses de poulet d'huile d'olive.
- Passez-les ensuite sur toutes leurs faces dans le mélange d'épices.
- Disposez les morceaux de poulet dans une marmite (si possible, un tajine marocain).
- Saupoudrez de persil haché, d'oignon émincé et d'ail haché.
- Roulez les rondelles de citron dans le sucre en poudre, puis dans du sel. Ajoutez-les à la préparation.
- Faites cuire 15 min à feu vif en retournant les morceaux de poulet à mi-cuisson.
- Réduisez à feu doux. Ajoutez l'eau chaude. Couvrez et laissez cuire pendant 1 h à frémissement.

** Se trouvent en barquettes en hypermarchés.*

BLANQUETTE DE POULET

pour 8 à 9 personnes

Plat peu coûteux, haut en couleur et en saveur, cette blanquette de poulet connaît toujours un franc succès auprès de tous.

2	**poulets de taille moyenne**
450 g	**de carottes**
2	**poireaux moyens**
80 g	**d'oignons émincés**
1	**poivron moyen**
450 g	**de chou-fleur ou brocoli**
2 c	**de sel**
2 c	**de poivre**
50 cl	**de bouillon de poule (si possible déjà chaud)**
2 C	**de jus de citron**
25 cl	**de crème**
2 C	**d'estragon haché**

Choisissez un poulet pas trop gras et de taille moyenne. Lavez les légumes.

Découpez le poulet et les légumes.

- Choisissez un beau poulet pas trop gras et de taille moyenne, ainsi que des légumes bien frais.
- Préchauffez le four à 190°.
- Lavez les légumes. Coupez carottes et poireaux en rondelles, les poivrons en petits carrés et défaites le chou-fleur en petits bouquets. Émincez les oignons, sauf s'il s'agit de petits oignons nouveaux que vous pourrez utiliser entiers.
- Découpez le poulet.
- Disposez les morceaux de poulet dans le plat et ajoutez les légumes.
- Salez et poivrez le bouillon, puis versez-le dans le plat. (Il vaut toujours mieux utiliser un bouillon préchauffé.)
- Couvrez et enfournez environ 1 heure.
- À mi-cuisson, retournez les morceaux de poulet et remuez les légumes. Ajoutez le jus de citron. Recouvrez.
- Ajoutez la crème et l'estragon haché 10 min avant la fin de la cuisson. Remuez pour mélanger et achevez de cuire à découvert.

FRICASSÉES, RAGOÛTS ET SAUTÉS

Quelle différence y a-t-il entre une fricassée, un ragoût et un sauté? Cette question m'est souvent posée car, reconnaissons-le, les chefs, les restaurateurs et les chroniqueurs gastronomiques entretiennent, à cet égard, une ambiguïté inspirée d'un certain snobisme voulant qu'aujourd'hui, en matière de cuisine, on n'appelle plus un chat un chat. Ainsi, j'ai souvenance d'avoir déjà servi une certaine «fricassée de champignons» qui, si elle enchantait les gourmets, ajoutait encore à la confusion des genres... Voyons plutôt.

La **fricassée** est composée de viande coupée en morceaux et cuite dans une sauce. Les champignons, n'ayant rien de la viande, ne peuvent constituer une fricassée, mais bien un ragoût.

Le **ragoût** est en effet un plat de viande, de légumes ou de poisson coupés en morceaux et également cuits dans une sauce. Avant de faire cuire ceux-ci, il est toutefois souhaitable de les faire dorer ou sauter.

Le **sauté** est essentiellement composé d'un aliment cuit à feu vif dans un corps gras.

Par définition, le poulet et toutes les volailles peuvent très bien se préparer des trois façons.

Un autre problème qui se pose souvent est de savoir si on peut réussir les fricassées, ragoûts et sautés dans un four à micro-ondes. La réponse est oui, et sans aucune réserve, car ces plats seront presque aussi savoureux préparés ainsi qu'avec des moyens de cuisson classiques. Par ailleurs, ils seront certainement plus légers et plus digestes.

N'oubliez pas cependant de faire sauter vos morceaux de poulet dans un plat à brunir avant de les apprêter en fricassée ou en ragoût au four à micro-ondes.

POULET À LA PROVENÇALE

pour 4 personnes

Cette recette, comme les deux suivantes d'ailleurs, peut très bien se préparer au four à micro-ondes, à condition de passer préalablement les morceaux de poulet au plat à brunir.

1	**aubergine**
2	**courgettes**
1	**poivron rouge**
1	**poivron vert**
2	**tomates**
1	**oignon**
2 C	**d'huile d'olive**
2	**cuisses de poulet**
2	**ailes de poulet**
3	**gousses d'ail**
4	**pincées de poivre de Cayenne**
1 c	**de sel**

- Nettoyez les légumes.
- Coupez l'aubergine, les courgettes, les poivrons, les tomates et l'oignon en fines rondelles. Hachez finement l'ail.
- Versez l'huile dans une cocotte et, sur feu vif, faites dorer les morceaux de poulet.
- Ajoutez alors tous les légumes en rondelles ainsi que l'ail. Poivrez et salez.
- Couvrez la cocotte, réduisez à feu doux et laissez cuire 35 min.

POULET AU SAFRAN ET POULET À L'ESTRAGON

pour 4 à 5 personnes

Poulet au safran

1	**poulet de 1,3 kg environ**
2 C	**d'huile d'olive**
5 C	**de crème fraîche**
4	**pincées de poivre de Cayenne**
½ c	**de safran**
¾ c	**de sel**

■ Découpez le poulet à l'orientale (voir page 185).

■ Avec l'huile, en cocotte, faites dorer les morceaux à feu vif.

■ Mélangez la crème, le poivre, le safran et le sel.

■ Versez ce mélange dans la cocotte. Couvrez, réduisez à feu doux et laissez cuire 35 min.

■ Servez ce plat superbe avec des pâtes fraîches ou du riz.

Poulet à l'estragon

■ Procédez exactement comme pour le *Poulet au safran*, mais en remplaçant le poivre de Cayenne par ½ c de poivre blanc et le safran par 2 C d'estragon haché.

■ Pour obtenir des recettes plus diététiques, remplacez la crème fraîche par une crème allégée. Vous perdrez néanmoins un rien d'onctuosité dans les sauces.

POULE AU POT «MINUTE»

pour 4 personnes

La taille des légumes en julienne et la découpe de la poule, permettent une cuisson rapide sans retirer à ce plat sa bonne saveur campagnarde.

4	**carottes**
4	**petits poireaux**
4	**navets**
½	**céleri-rave**
1	**poivron rouge**
2	**oignons**
25 cl	**de bouillon de poule**
1	**poule (de 1 kg environ)**
2 C	**de crème fraîche**
1 C	**de jus de citron**
2 C	**de cerfeuil haché**
1 C	**de ciboulette hachée**
	poivre et sel, au goût, si le bouillon n'est pas assez assaisonné

■ Découpez la poule à l'occidentale (voir page 184).

■ Taillez les carottes, les poireaux, les navets, le céleri-rave, le poivron rouge et les oignons en julienne, c'est-à-dire en bâtonnets gros comme des allumettes.

■ Versez le bouillon de poule dans une cocotte.

■ Ajoutez la poule découpée et les légumes.

■ Placez sur feu assez vif, couvrez, portez à ébullition et laissez cuire 15 min.

■ Dans un bol, mélangez la crème, le jus de citron et les herbes hachées.

■ Versez cette préparation dans la cocotte.

■ Cuisez 5 nouvelles min, à découvert. Rectifiez l'assaisonnement et dégustez vite.

LES AILES ET LES CUISSES DE POULET

Les ailes et les cuisses de poulet sont particulièrement délicieuses quand elles sont cuites à la vapeur. Humidifiée durant toute la cuisson, leur chair reste juteuse, tendre et moelleuse.

Aujourd'hui, chacun connaît cette méthode devenue classique dont nous vous rappelons néanmoins les temps de cuisson :

COUPE	QUANTITÉ	TEMPS
Filets de poulet	2	12 min
	4	18 min
Ailes de poulet	2	16 min
	4	20 min
Cuisses de poulet	2	20 min
	4	24 min
Pièces assorties	4	20 min

Note : Comptez ces temps à partir du moment où l'eau bout.
Si vous aimez la volaille un peu rosée, diminuez légèrement ces temps de cuisson.

AILES DE POULET : DES GOÛTS ET DES COULEURS

Sautées (voir page 190) ou cuites à la vapeur, les ailes de poulet peuvent constituer un plat aussi délicieux que beau et qui offre en outre l'avantage d'être très économique.

Voici quelques suggestions joyeuses de garnitures qui donneront un air de fête à ce mets très simple.

A : À la julienne cuite de poireau, carotte et poivron
B : À l'œuf de caille au plat
C : Au raisin et airelles au naturel
D : Aux crevettes et au citron
E : Aux abricots au rhum et cerises confites
F : À la tomate et aux brocolis

PILONS DE POULET CROUSTILLANTS

pour 4 personnes

Vous pouvez varier à votre guise les ingrédients de panure (voir aussi page 165) pour réussir une amusante partie de « croustilles ».

8	**pilons de poulet**
4 C	**d'huile d'arachide**
	sel et poivre
	bassine d'huile de friture

Au choix ou panachés, par portion :

2 C	**de biscottes écrasées**
2 C	**de cacahuètes pilées**
2 C	**de noix de coco râpée**
2 C	**de persil haché**
2 C	**de paprika**
2 C	**de gelée de groseilles**

- Salez et poivrez les pilons.
- Roulez-les dans l'huile d'arachide.

- Passez les pilons dans les ingrédients de votre choix : biscottes, cacahuètes, noix de coco, persil, paprika, gelée de groseilles, de préférence en les panachant.
- Pendant ce temps, faites chauffer l'huile de friture.

- Plongez les pilons dans l'huile bien chaude. Faites-les cuire 5 min.
- Sortez-les. Laissez-les au repos jusqu'au moment de passer à table.
- Plongez-les alors une seconde fois dans l'huile chaude pendant 3 min, égouttez-les et servez-les avec une salade.

POULET INDIEN, FAÇON TANDOORI

pour 4 personnes

8 C **d'épices tandoori***
2 **pots de yaourt nature**
4 **cuisses de poulet (avec le pilon)**

Comme garniture :

1 **bouquet de persil haché**
1 **petit concombre finement émincé**
2 **tomates en fines rondelles**
2 **citrons verts en très fines tranches**

- Dans un bol, mélangez les épices tandoori et le yaourt.
- Entaillez les cuisses de poulet tous les 2 cm et sur 1 cm de profondeur.
- Badigeonnez-les avec la préparation tandoori.
- Disposez-les dans un plat à gratin et laissez mariner pendant 4 h.
- Préchauffez le four à 240°.
- Enfournez les cuisses de poulet pour 1 h.
- Après 5 min de cuisson, retournez les cuisses.
- Après 5 nouvelles min, retournez-les de nouveau. Réduisez le four à 180° et laissez s'achever la cuisson.
- Au moment de servir, décorez avec les garnitures en exprimant votre goût et votre sens artistique.

** Les épices tandoori, d'un rouge intense au pouvoir très colorant, se trouvent dans les épiceries orientales.*

POULET AU CURRY

Une adaptation spéciale d'un très grand classique de la cuisine des Indes. Servez avec du riz comme accompagnement.

Faites tremper les raisins dans le rhum et rassemblez tous les autres ingrédients. Râpez les pommes et les oignons.

Frottez chaque morceau de poulet avec du curry.

Mélangez tous les ingrédients de la sauce.

Disposez les morceaux de poulet dans le plat de cuisson et couvrez de sauce.

80 g	**de raisins secs**
5 C	**de rhum brun**
240 g	**de pommes râpées**
150 g	**de oignons râpés**
16	**ailes ou cuisses de poulet**
3 C	**de curry**
125 g	**de noix de coco râpée**
12 cl	**de lait de coco**
25 cl	**de crème à fouetter**
1½ c	**de sel**

- Préchauffez le four à 190°.
- Faites tremper les raisins dans le rhum.
- Râpez pommes et oignons.
- Frottez chaque morceau de poulet avec du curry.
- Dans un bol, mélangez les pommes et les oignons râpés, la noix de coco râpée, les raisins avec leur rhum, le lait de coco, la crème, le sel, ainsi que le reste du curry. Travaillez l'appareil jusqu'à ce qu'il soit onctueux.
- Disposez les morceaux de poulet dans le plat de cuisson. Couvrez-les de l'appareil au curry.
- Couvrez et enfournez environ 1 heure.
- À mi-cuisson, retournez les morceaux de poulet et remuez la sauce. Recouvrez.
- Découvrez pour les 10 dernières minutes de cuisson. Nappez le poulet de sauce avant de servir.

PAUPIETTES DE POULET

pour 4 personnes

C'est en variant les farces des paupiettes que vous ferez de cette recette, somme toute anodine, une originalité culinaire.

4	**belles escalopes de poulet**
200 g	**de farce au choix***
50 g	**de beurre**
½ c	**de poivre**
½ c	**de sel**
600 g	**de petits pois, en accompagnement**

** Farce de la mer, page 151 ; Farce au poulet, page 206 ; ou tout autre farce de votre goût.*

■ Partagez les escalopes en deux dans le sens de l'épaisseur, mais sans les couper complètement, pour obtenir une large tranche fine.

■ Préparez la farce de votre choix.

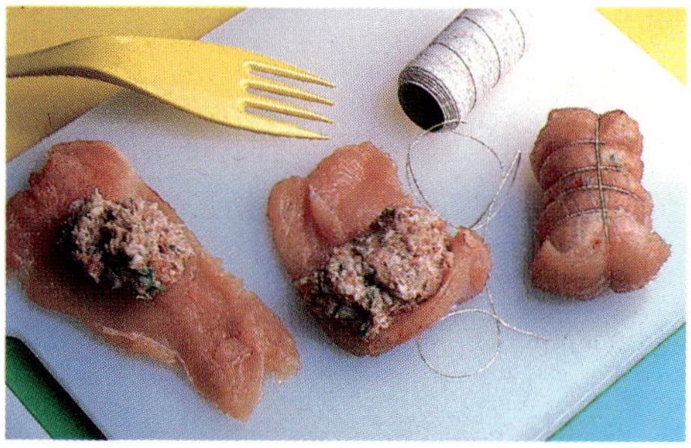

■ Étalez chaque escalope sur une planche à découper.

■ Disposez ¼ de la farce (50 g environ) au centre.

■ Roulez et ficelez la pièce de manière à empêcher la farce de s'échapper durant la cuisson.

■ Dans une cocotte, faites fondre le beurre à feu vif. Mettez les escalopes dedans et faites-les dorer sur toutes leurs faces pendant 5 min.

■ Réduisez à feu moyen, salez, poivrez. Couvrez et achevez la cuisson pendant 10 min. Dégustez avec des petits pois.

LES TOURNEDOS DE POULET

Voici un exemple typique de l'esprit inventif des cuisiniers et bouchers modernes : le tournedos de poulet!

S'il n'est peut-être pas encore connu de tous, il fait déjà partie, à mon avis, des traditions culinaires de notre temps. On le trouve facilement en hypermarché.

Conçu comme le tournedos de bœuf, car taillé en rond et bardé de gras, il offre une viande succulente, rapide à cuire, facile à apprêter et susceptible de plaire à tous, surtout à ceux qui ne raffolent pas de la viande rouge.

■ Sur une plaque de gril, à feu vif, avec un rien de matière grasse, les tournedos cuisent, selon le goût, de 6 à 10 min, en les retournant à mi-cuisson.

L'assiette de tournedos de poulet « Manhattan »

Quelques suggestions amusantes pour égayer cette nouvelle découpe.

A: Tournedos au bacon et aux fines herbes
B : Tournedos à l'oignon confit
C : Tournedos aux crevettes sauce cocktail
D : Tournedos au fond d'artichaut et aux petits pois
E : Tournedos à la tomate et au maïs
F : Tournedos au poivre vert et à la mousse de poivron
G : Tournedos aux champignons et au paprika
H : Tournedos à l'anchois et aux câpres

LES FILETS DE POULET

Filets et escalopes de poulet peuvent naturellement être utilisés comme les filets et escalopes de dinde, ainsi qu'en paupiettes ; mais on peut également les apprêter de différentes manières, comme dans les deux recettes qui suivent, par exemple.

SOUPE DE POULET AU POTIRON*

pour 4 personnes

400 g	**de filets de poulet**
½ L	**de bouillon de poule**
400 g	**de chair de potiron***
1 C	**de jus de citron**
4	**pincées de safran**
4	**pincées de poivre de Cayenne**
½ c	**de sel**
4 C	**de crème fraîche**
2 C	**de persil haché**

** Vous pouvez remplacer le potiron par de la courgette.*

- Découpez les filets de poulet en fines lanières.
- Versez le bouillon de poule dans le bol du mixer. Ajoutez la chair de potiron et le jus de citron. Mélangez.
- Versez cette préparation dans une casserole. Ajoutez le safran, le poivre et le sel.
- Couvrez la casserole et faites cuire 20 min à feu moyen. Fouettez ce potage.
- Ajoutez alors les lanières de poulet et laissez cuire encore 5 min.
- Réduisez à feu doux. Ajoutez la crème et achevez la cuisson pendant 5 min.
- Parsemez de persil et savourez vite cette soupe exquise.

POULET FOO-YONG

pour 4 personnes

500 g	**de filets de poulet**
2 C	**de sauce soja**
150 g	**de côtes de bette (ou de poivron rouge)**
4 C	**de poireau émincé**
8	**blancs d'œufs**
2 C	**de maïzena**
1 c	**de gingembre en poudre**
4	**pincées de poivre de Cayenne**
½ c	**de sel**

■ Découpez les filets de poulet en tout petits cubes.

■ Faites-les mariner 1 h dans la sauce soja, avec les côtes de bette et le poireau finement émincés.

■ Battez ensemble les blancs d'œufs, la maïzena, le gingembre, le poivre de Cayenne et le sel.

■ Dans une casserole, au bain-marie, c'est-à-dire que la casserole trempe dans de l'eau en ébullition, versez la préparation aux blancs d'œufs et celle au poulet.

■ Laissez cuire en fouettant régulièrement jusqu'à une parfaite coagulation des blancs d'œufs, soit environ 20 min.

■ Savourez vite, avec des baguettes, cette omelette chinoise légère et raffinée.

LES BROCHETTES DE POULET

La chair de poulet se prête parfaitement à la préparation de brochettes savoureuses. Il suffit pour cela de couper dans le filet ou la cuisse des morceaux de la taille d'une bonne bouchée, de les enfiler sur des brochettes de bois, de les assaisonner et d'intercaler entre chacun des ingrédients à votre goût. Vous pouvez également utiliser des ailes de poussins ou des demi-cailles.

Vous cuirez ces brochettes environ 6 min au barbecue en les faisant pivoter toutes les minutes d'un quart de tour sur elles-mêmes. À défaut de barbecue, cuisez-les 8 min sous le gril du four préchauffé 15 min et réglé à 240°, en les retournant à mi-cuisson.

Votre imagination ne sera jamais prise au dépourvu lorsqu'il s'agira d'inventer des brochettes de poulet.

Trois sortes de brochettes exotiques

Yang-Tse

Brochettes chinoises composées d'ailerons de poussins ou de demi-cailles et d'œufs de cailles durs. Faites mariner 1 h ces brochettes dans un mélange de sauce soja et miel, par moitié, et aromatisé de 4-épices et d'huile de sésame.

Yakitori

Brochettes japonaises constituées de morceaux de poulet et de tronçons de poireaux (blanchis 5 min à l'eau bouillante). Durant toute la cuisson, arrosez les brochettes de sauce soja. Additionnez de sucre en poudre et de quelques cuillerées de saké. À défaut de saké, utilisez un vermouth blanc et sec.

Souvlaki

Brochettes grecques composées de morceaux de poulet entourés de bacon, de rondelles d'oignon, de poivron, de champignons et de citron. Dégustez-les arrosées de jus de citron et d'huile d'olive.

FARCE AU POULET

pour 4 personnes

250 g	**de filet de poulet**
150 g	**de foies de volailles**
100 g	**de lard fumé**
150 g	**de champignons de Paris**
1	**oignon émincé**
2 C	**de persil haché**
4 C	**de crème**
2	**jaunes d'œufs**
1 C	**de noix de cajou pilée**
1 c	**de sel de céleri**
1 ½ c	**de poivre**

■ Blanchissez 5 min à l'eau bouillante le filet de poulet, les foies de volailles et le lard. Égouttez-les et coupez-les grossièrement.

■ Dans le bol du mixer, mettez ces morceaux de viande. Ajoutez les champignons, l'oignon, le persil, la crème, les jaunes d'œufs, les noix de cajou, le sel de céleri et le poivre. Mixez jusqu'à obtention d'une farce assez fine.

■ Vous pourrez utiliser cette farce dans de nombreuses recettes : tomates farcies, paupiettes, crêpes fourrées, lasagnes ou dans le *Gratin de pâtes « coquilles » farcies*, ci-contre.

GRATIN DE PÂTES « COQUILLES » FARCIES

■ Préparez la farce au poulet. Faites cuire 8 min les pâtes « coquilles » à l'eau bouillante salée.

■ Remplissez les « coquilles » avec la farce. Comptez 6 « coquilles » par personne.

■ Disposez les coquilles dans un plat à gratin beurré et mettez au four préchauffé 15 min et réglé à 210° pendant 10 min. Nappez éventuellement d'une béchamel et parsemez de fromage râpé.

CARPACCIO DE VOLAILLE

Les amateurs de cuisine italienne le savent bien, le carpaccio traditionnel est un plat de filet de bœuf cru, très finement émincé, qu'on assaisonne avec du jus de citron, de l'huile d'olive, du sel, du poivre et du basilic et qu'on déguste tel quel, après quelques minutes seulement de marinage.

Voici une variante qui fait appel au poulet et au canard. Bien sûr légèrement cuit, rappelant la méthode orientale.

1	**filet de poulet**
1	**magret de canard**
2 C	**d'huile d'olive**
4 C	**de jus de citron**
	sel
	poivre
2 C	**de cerfeuil haché**

■ Préchauffez le gril du four.

■ Émincez le plus finement possible le filet de poulet et le magret de canard. Disposez ces minces tranches sur une assiette allant au four; assaisonnez-les d'huile d'olive, de jus de citron, de sel, de poivre et de cerfeuil haché.

■ Placez l'assiette sur la grille médiane du four. Faites cuire environ 3 min, puis retournez les tranches de volailles ; faites cuire 2 nouvelles min de ce côté. Surveillez attentivement la cuisson et servez aussitôt que la volaille a perdu son aspect cru. L'assaisonnement bien relevé la rendra succulente et aussi originale qu'un véritable carpaccio. Comptez de 4 à 8 min de cuisson.

LES AUTRES VOLAILLES

Même si la dinde et le poulet sont aujourd'hui les volailles les plus consommées, il serait injuste d'ignorer les autres oiseaux de basse-cour qui offrent tous, eux aussi, de grandes possibilités culinaires.

Les cailles
(premier rang sur la photo)

Longtemps chassées mais aujourd'hui élevées, les cailles sont les plus petits des gallinacés, une famille d'oiseaux à laquelle appartiennent aussi la dinde et le poulet. Une caille doit être dodue mais pas trop grasse et peser environ 200 g ; sa chair tendre et fondante doit être bien assaisonnée, car elle est un peu fade. De cuisson rapide et d'un prix abordable, ces volatiles donneront toujours un look raffiné à votre table.

La pintade
(deuxième rang, au centre)

Originaire d'Afrique mais acclimatée aujourd'hui dans le monde entier, la pintade est très proche de la poule domestique. Elle s'en distingue toutefois, sans erreur possible, par sa peau plus jaune et sa chair plus brune et un peu moins moelleuse. Elle constitue un bon choix pour varier vos menus.

Le faisan
(deuxième rang, à droite)

Encore chassé un peu partout dans le monde, le faisan s'est toutefois bien habitué aux basses-cours où il vit fort paresseusement. Proche de la pintade, il jouit, peut-être à tort, d'une meilleure réputation. Sa chair est surtout estimable apprêtée en ragoût, bien relevée et aromatisée.

Le canard
(deuxième rang, à gauche)

Parfois trop gras, souvent trop cher, tels sont les reproches qu'on fait le plus souvent à ce magnifique oiseau palmipède. Pour le reste, tous les gourmets s'entendent : d'une saveur et d'une finesse inégalées, le canard est la plus exquise des volailles. Trop cuite ou pas assez, sa chair peut se montrer franchement ferme, mais cuite à point ou rosée, elle constitue l'une des plus grandes délices de la table.

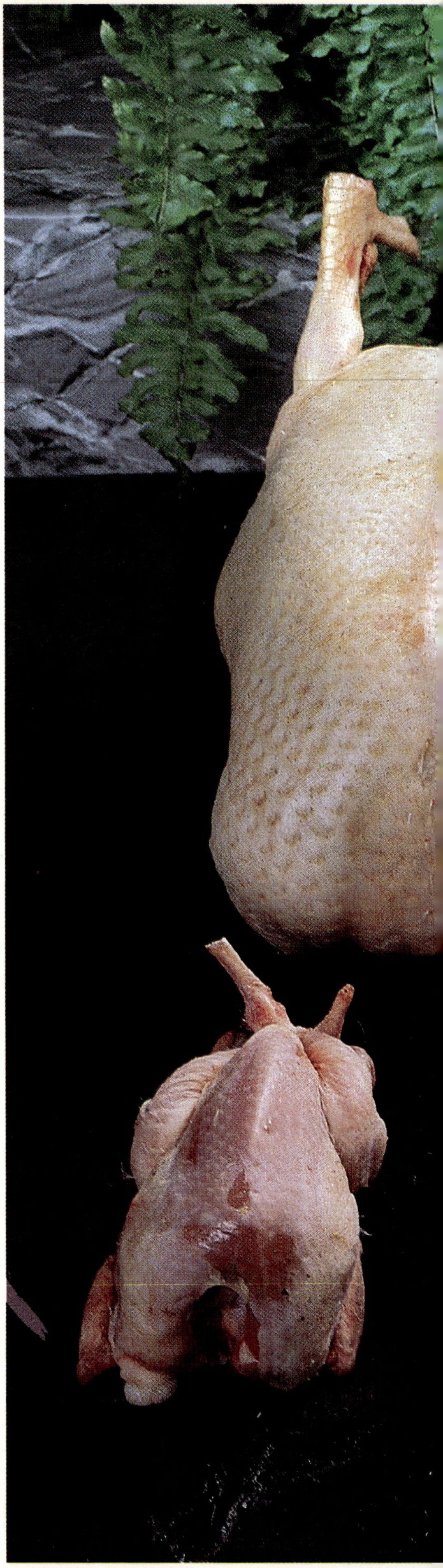

PINTADE AU CHOU

pour 4 personnes

La même recette conviendra naturellement à un faisan, à une jeune perdrix ou à un simple poulet.

1	**chou frisé**
1	**pintade**
50 g	**de beurre**
2	**oignons émincés**
2 C	**de persil haché**
15 cl	**de bouillon de poule**
1 c	**de sel**
1 c	**de poivre en grains**
4	**carottes**
150 g	**de lard fumé**
4	**saucisses de Francfort**

■ Étalez quelques-unes des plus grandes feuilles du chou au fond d'une cocotte. Ajoutez 10 cl d'eau légèrement salée. Déposez la pintade sur ce lit. Couvrez et faites cuire 20 min à bon feu, en retournant la pintade à deux ou trois reprises.

■ Retirez la pintade, mettez-la de côté. Videz et nettoyez la cocotte.

■ Faites fondre le beurre sur feu doux dans la cocotte. Faites revenir dedans, les oignons émincés et le persil haché.

■ Ajoutez le bouillon de poule. Salez et poivrez.

■ Tranchez finement les carottes en rondelles et découpez le chou, dont vous aurez ôté le cœur, en fines lanières.

■ Ajoutez carottes et chou dans la cocotte. Déposez la pintade dessus. Couvrez et laissez cuire 40 min.

■ 15 min avant la fin de la cuisson, ajoutez le lard fumé et les saucisses.

■ Découpez la pintade et le lard et servez bien chaud ce plat campagnard.

FAISAN AUX FRUITS EXOTIQUES

pour 4 personnes

Cette recette peut parfaitement être cuisinée au four à micro-ondes. Comptez environ 35 min de cuisson à four MOYEN (5).

1 kg	**de fruits exotiques (mangues, kiwis, letchis, ananas, etc.)**
4 C	**de miel**
4 C	**de vinaigre de vin**
4	**pincées de gingembre en poudre**
1 c	**de poivre**
3/4 c	**de sel**
1	**beau faisan**
50 g	**de beurre**

■ Préchauffez le four à 210°.

■ Pelez les fruits exotiques et découpez-les en gros cubes. Récupérez les jus qui s'écouleront lors de cette découpe.

■ Dans un bol, mélangez le jus des fruits, le miel, le vinaigre, gingembre, poivre et sel.

■ Tartinez le faisan de beurre. Mettez-le dans un plat allant au four. Enfournez-le pour 45 min.

■ Au bout de 15 min, versez la préparation au miel sur le faisan et poursuivez la cuisson en arrosant le faisan toutes les 5 min avec son jus.

■ 5 min avant la fin de la cuisson, ajoutez les cubes de fruits exotiques et dégustez vite ce plat aux accents caraïbes.

CAILLES EN PERSILLADE

pour 4 personnes

4	**belles cailles**
150 g	**de beurre**
2 C	**d'ail haché**
2 C	**d'oignon haché**
2 C	**de persil haché**
1 c	**de poivre blanc**
1 c	**de sel**
400 g	**de laitue de Trévise en garniture**
400 g	**de haricots verts cuits en garniture**
2	**citrons verts**

■ Préchauffez le four à 240°.
■ Partagez les cailles en deux.
■ Avec 50 g de beurre, tartinez-les. Mettez-les dans un plat allant au four et enfournez pour 6 min en les retournant à mi-cuisson.

■ Dans le bol du mixer, mettez les 100 g de beurre restant, l'ail, l'oignon, le persil, le poivre et le sel. Mixez brièvement.
■ Tartinez les demi-cailles de cette préparation et remettez-les au four pour 6 nouvelles min.

■ Servez les demi-cailles bien dorées sur un lit de salade de Trévise. Accompagnez-les de haricots verts.
■ Arrosez d'un filet de citron vert au moment de déguster.
■ Les amateurs de cailles cuites rosées doivent ramener le temps de cuisson total à 8 min (4 + 4).

CAILLES FARCIES AU CHOU

pour 6 à 8 personnes

20	**petites cailles vidées**
1	**petit chou blanc râpé**
10	**tranches de bacon**
250 g	**de riz cuit légèrement beurré**
	sel
	poivre
	muscade
	thym
50 g	**de beurre**
5 cl	**d'huile**
1	**chou rouge émincé**
12 cl	**de vin blanc sec**
12 cl	**de crème épaisse**
	persil frais

■ Farcissez les cailles du mélange en pressant bien.

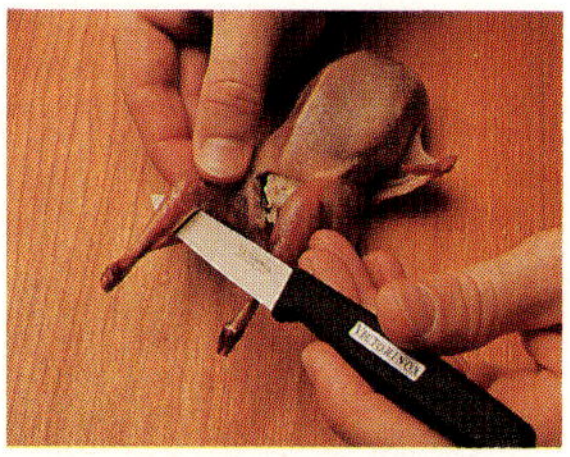

■ Pour fermer les cailles, pratiquez une petite incision dans la cuisse à l'aide d'un couteau.

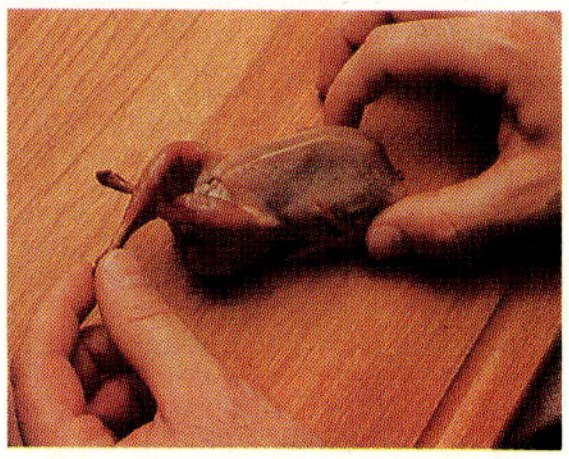

■ Glissez l'autre cuisse dans l'incision.

■ Mettez ensuite les cailles à rôtir sur une plaque avec le beurre et l'huile. Assaisonnez et enfournez 25 min.

■ Préchauffez le four à 180°.

■ Lavez les cailles, videz-les et assaisonnez-en légèrement l'intérieur de sel, de poivre, de muscade et de thym. Réservez.

■ Faites cuire le chou blanc dans de l'eau bouillante salée pendant 5 min; égouttez et mettez à fondre doucement avec le bacon coupé en petits morceaux pendant 15 min, à couvert.

■ Incorporez le riz au chou.

■ Entre-temps, faites cuire le chou rouge émincé dans de l'eau bouillante salée pendant 10 min. Égouttez et faites-le fondre au beurre pendant 10 min. Réservez au chaud.

■ Quand les cailles sont cuites, dressez le chou rouge sur un grand plat de service; disposez les cailles sur le chou et gardez au chaud.

■ Dégraissez la plaque de cuisson et versez-y le vin blanc. Mettez ce jus à bouillir pendant 3 min et ajoutez-y la crème épaisse. Versez ce bouillon sur les cailles.

■ Servez immédiatement.

CAILLES AU RAISIN

pour 2 personnes

À défaut de cailles, on peut préparer des ailerons de poulet de la même manière.
Les cailles sauvages sont aujourd'hui quasiment introuvables. Seuls quelques chasseurs chanceux et adroits peuvent s'offrir le luxe d'en manger. On trouve cependant de bonnes cailles d'élevage, mais il faut les choisir un peu dodues, sans qu'elles soient trop grasses.

Choisissez de petites cailles dodues, ne dépassant guère 150 g.

Mélangez le jus de raisin, le vinaigre, le sucre, le poivre et le sel dans un plat et mettez-y les cailles à mariner pendant 1 heure.

12 cl	**de jus de raisin**
2 C	**de vinaigre**
2 C	**de sucre**
½ c	**de poivre**
½ c	**de sel**
4	**petites cailles de 150 g chacune**
160 g	**de grains de raisin frais**

- Mélangez le jus de raisin, le vinaigre, le sucre, le poivre et le sel dans le plat de cuisson.
- Mettez les cailles à mariner 1 heure dans cette préparation.
- Préchauffez le four à 190°.
- Pelez les grains de raisin et mettez-les dans une petite casserole.
- Transvasez la marinade des cailles avec les raisins.
- Disposez les cailles dans le plat de cuisson et enfournez 45 min.
- À la mi-cuisson des cailles, portez la sauce à ébullition et laisser mijoter doucement environ 20 min.
- Coupez les cailles en deux. Laissez-les reposer 2 min, puis dressez-les sur des assiettes; garnissez-les des grains de raisin et nappez-les de la sauce.

CUISSON D'UN CANARD ENTIER

pour 4 personnes

1	**jeune canard ou une canette (environ 1,2 kg)**
2 c	**de poivre en grains**
1 c	**de gros sel**
40 g	**de beurre fondu**
4 C	**de miel**
2 C	**de sauce soja**
2 C	**de vinaigre de vin**
2 c	**de paprika**

■ Faites préparer et brider le canard par votre volailler.
■ Préchauffez le four à 240°.
■ Glissez le poivre et le sel à l'intérieur du canard.
■ Badigeonnez sa peau avec le beurre fondu. Mettez-le dans un plat allant au four.
■ Dans un bol, mélangez le miel, le soja, le vinaigre et le paprika.
■ Badigeonnez de nouveau le carand avec cette préparation.
■ Enfournez le canard pour 45 min.
■ Badigeonnez le canard toutes les 5 min durant la cuisson.
■ Vous obtiendrez ainsi un canard bien doré, à la peau croustillante et à la chair tendre, moelleuse et savoureuse.

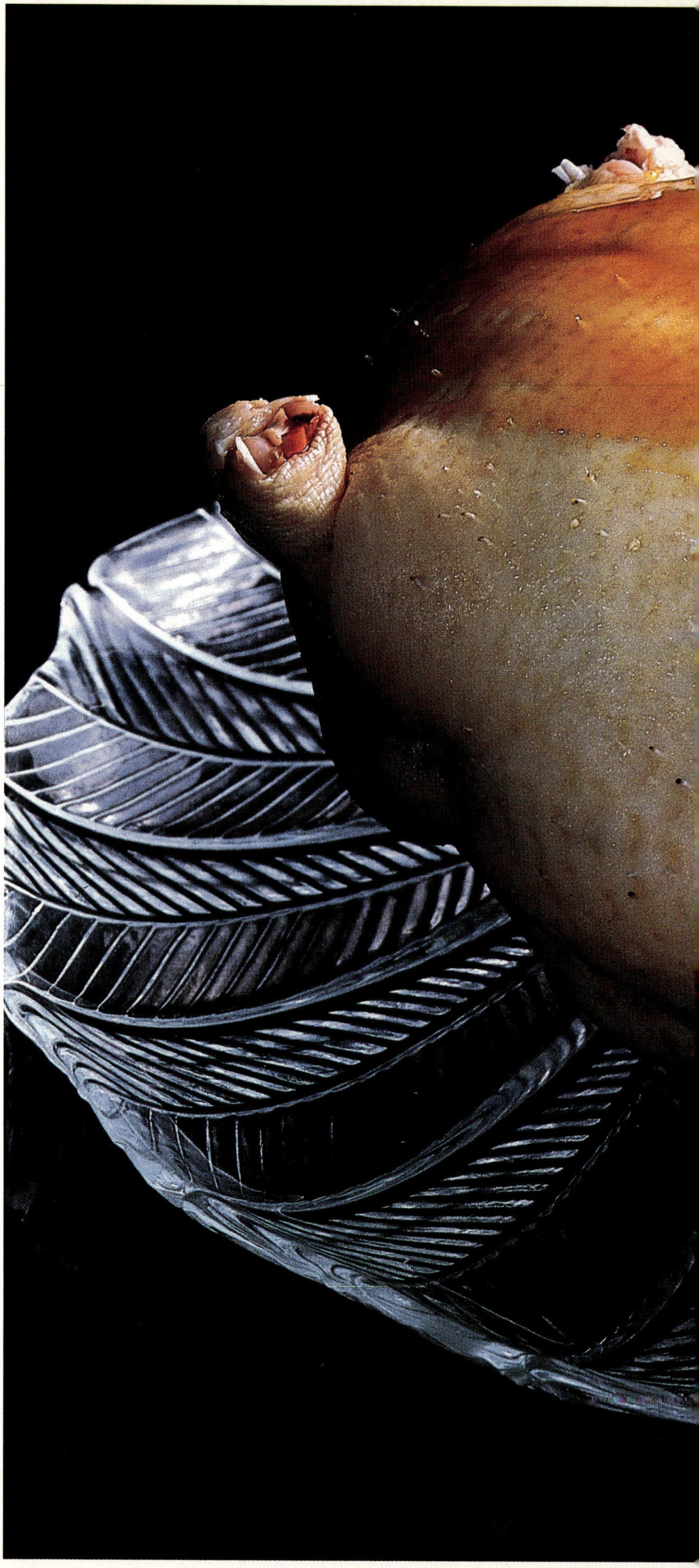

MAGRET DE CANARD AUX CERISES

pour 2 personnes

Il serait prétentieux d'affirmer que les temps de cuisson donnés ici peuvent toujours satisfaire exactement tous les goûts car, d'un magret à l'autre, la réaction à la cuisson peut varier. Un seul conseil : surveillez bien la cuisson.

Incisez la peau des magrets en diagonale et dans les deux sens, pour permettre une cuisson plus uniforme de la chair.

Mélangez le vinaigre, le sél, le poivre, le gingembre et le miel. Badigeonnez les magrets de cet appareil.

2	**magrets de canard pas trop gras et de taille moyenne**
1 C	**d'huile végétale**
½ c	**de sel**
2 c	**de vinaigre**
½ c	**de poivre**
½ c	**de gingembre en poudre**
4 C	**de miel liquide**
450 g	**de concombres**
225 g	**de cerises au sirop**

- À l'aide d'un couteau très tranchant, incisez la peau des magrets en diagonale et dans les deux sens, pour permettre une cuisson plus uniforme de la chair.
- Préchauffez le four à 175°.
- Dans une poêle, faites chauffer l'huile, puis faites dorer les magrets, d'abord côté peau, puis côté chair (environ 2 min chaque côté). Réservez.
- Faites fondre le sel dans le vinaigre. Ajoutez le poivre, le gingembre et le miel. Mélangez.
- Badigeonnez les magrets de cet appareil.
- Disposez les magrets sur une plaque allant au four, couvrez et enfournez environ 15 min.
- Avec un vide-pomme, prélevez dans les concombres épluchés de petites billes de la taille d'une cerise. (Utilisez les restes en salade.)
- Pour les 10 dernières min de cuisson, découvrez et ajoutez les billes de concombres, les cerises avec une ou deux cuillerées de leur sirop et le reste de l'appareil au miel.

CANARD LAQUÉ EXPRESS

pour 4 personnes

Sans prétendre à l'authenticité, car un canard laqué selon la tradition chinoise demande une longue préparation et l'emploi d'un four spécial, cette adaptation surprendra et enchantera plus d'un gourmet.

1	**beau canard (d'environ 2 kg)***
3 C	**de miel**
3 C	**d'eau**
12	**petites crêpes**
6	**petits oignons verts**
150 g	**de « hoi hsin » (confiture de soja qui se trouve dans les boutiques asiatiques)**

- Préchauffez le four à 180°.
- Mélangez le miel et l'eau.
- Mettez le canard dans un plat allant au four.
- Badigeonnez-le avec la préparation au miel.
- Faites-le cuire 1 h 30 en le badigeonnant toutes les 5 min avec la préparation au miel.

- Lorsque la peau du canard est bien dorée et croustillante, tranchez-la en fins copeaux de la taille de pommes de terre chips, sans entamer ni le gras, ni la chair. Mettez de côté au chaud.

** Dans le canard laqué, on ne mange que la peau; utilisez la chair dans d'autres préparations.*

■ Réchauffez les petites crêpes.
■ Émincez les tiges d'oignons verts.

■ Déposez deux ou trois copeaux de peau de canard au centre de chaque crêpe.
■ Ajoutez un peu de confiture de soja et quelques brins d'oignon vert.
■ Roulez et savourez ces crêpes d'une rare subtilité.

LES VIANDES

DÉCONGÉLATION

Bien que les rayons de nos hypermarchés nous proposent une gamme infinie de viandes fraîches emballées en barquettes, il nous arrive régulièrement d'utiliser de la viande surgelée, soit que nous l'ayons achetée ainsi, soit que nous l'ayons congelée nous-mêmes.

Dans tous les cas, la viande doit être dégelée avant d'être cuisinée. Cela ne présente aucune difficulté, pour peu que l'on respecte quelques règles essentielles.

- S'il s'agit de viandes destinées à être grillées ou rôties, placez-les dans un plat, recouvertes d'un linge et mettez ce plat dans un endroit tiède, sur un radiateur de chauffage central ou au-dessus de la cuisinière.
- S'il s'agit de viandes destinées à être apprêtées en ragoût ou cuites à l'eau, plongez-les dans un saladier d'eau froide.
- Laissez décongeler 2 h les petites pièces, 3 h les pièces moyennes et 4 h les grosses pièces tels que les rôtis ou gigots.

MÉTHODES DE CUISSON DES VIANDES

Les viandes peuvent s'apprêter d'un grand nombre de manières, toutes plus savoureuses les unes que les autres, pourvu qu'elles soient adaptées à la qualité et à la découpe de la pièce que l'on désire cuisiner.

Voici les principales techniques de cuisson convenant aux différentes viandes, ainsi que leurs avantages et leurs éventuels inconvénients.

Griller

- Le gril doit toujours être d'une propreté rigoureuse. Nettoyez-le régulièrement avec une brosse et un chiffon. Enduisez légèrement d'huile les pièces à griller.
- Faites chauffer le gril.

- Posez les pièces sur le gril bien chaud.
- Pour les *quadriller*, faites-les pivoter d'un quart de tour.

- Retournez les pièces avec une spatule.
- Ne les piquez jamais.
- Ne salez et poivrez qu'en fin de cuisson.
- Pour les temps de cuisson, conformez-vous aux indications fournies pour chaque recette ; tenez compte aussi de vos propres goûts pour des viandes plus ou moins saignantes ou à point.

Cette méthode de cuisson convient :

- aux côtelettes d'agneau
- aux steaks de bœuf et hamburgers
- aux côtes de bœuf
- aux grillades et côtes de porc

Avantages : Une bonne élimination des graisses. Un goût particulier que beaucoup apprécient.

Inconvénients : Une tendance à calciner certaines particules, ce qui les rend nocives.

Sauter à la poêle

■ Choisissez une poêle ou une sauteuse, de dimension adaptée à la quantité d'ingrédients à cuire.

■ Faites chauffer le beurre ou l'huile, ou un mélange des deux dans la poêle.
■ Pour poêler une viande rouge, portez la matière grasse à température élevée ; pour une viande blanche, maintenez une température plus douce.

■ Déposez les pièces à cuire dans la poêle.
■ Assaisonnez les viandes blanches dès le départ.
■ N'assaisonnez les viandes rouges qu'au moment de les retourner.
■ Retournez les pièces avec une spatule, sans les piquer.

■ En fin de cuisson, laissez reposer les pièces quelques minutes avant de les servir, pour les détendre.
■ Vous pouvez aussi les *déglacer* :
■ Ajoutez un trait de vinaigre, de vin, de porto ou de cognac dans la poêle chaude, selon la recette.
■ Laissez réduire et bien dissoudre tous les sucs.
■ Ajoutez alors les autres éléments de la sauce, fond ou crème.
■ Laissez de nouveau réduire et rectifiez l'assaisonnement.

Cette méthode de cuisson convient :

■ aux tournedos et aux steaks de bœuf au poivre
■ aux médaillons et côtes de veau
■ au foie et aux rognons de veau
■ aux côtes de porc

Avantages : Beaucoup de saveur et de finesse. De nombreuses préparations possibles. De l'élégance et du classicisme.

Inconvénients : Des recettes très « saucées ».

Rôtir

Préchauffez le four à 220° pendant 15 min.

- Disposez la pièce à cuire dans un plat (allant au four) proportionné à sa taille.
- Assaisonnez la pièce en poivre et tout autres aromates de votre goût ou indiqués dans la recette, à l'exception du sel.
- Ajoutez le beurre ou l'huile.
- N'enfournez que lorsque le four est bien chaud afin d'obtenir rapidement une belle coloration dorée.

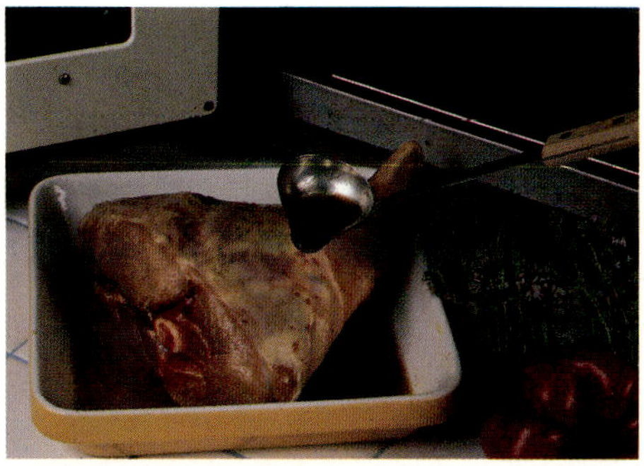

- Salez à mi-cuisson.
- Arrosez souvent la pièce en cours de cuisson.
- Comptez entre 8 min et 15 min de cuisson par 500 g de viande, selon la nature de la pièce et votre préférence pour les viandes plus ou moins cuites. Chaque recette précisera les temps.

- Laissez reposer la pièce 5 min au moins avant de la trancher.
- Pendant ce temps, vous pouvez déglacer le jus (voir page 227) et confectionner une sauce.

Cette méthode de cuisson convient :

- aux gigots, épaules, selles et carrés d'agneau
- aux rôtis de bœuf, de porc et de veau

Avantages : Cuisson simple pour de grosses pièces car elle ne nécessite que peu d'interventions. Cuisson dégradée des viandes de l'extérieur vers l'intérieur qui satisfait toujours les gourmets.

Inconvénients : Aucun, si l'on maîtrise bien les réglages de son four.

Braiser

Ce type de cuisson se pratique dans une cocotte, de préférence à fond épais.

- Faites dorer la pièce assaisonnée dans de l'huile ou du beurre, à feu vif.
- Retirez la pièce et réservez-la au chaud.

- Dans la cocotte, remplacez la viande par une *mirepoix* composée à votre gré de petits cubes de carottes, d'oignons, de poireaux, de céleri, d'échalotes, de jambon blanc, de thym et de persil.
- Au besoin, ajoutez un petit peu de beurre dans la cocotte.
- Faites revenir 5 min cette mirepoix à feu vif.
- Salez et poivrez.

- Déposez la pièce de viande sur la mirepoix revenue.
- Laissez mijoter à feu doux pendant 2 h (temps précisé pour chaque recette), cocotte couverte.
- Arrosez souvent la pièce avec son jus.
- Si nécessaire, mouillez avec un peu de bouillon ou de vin blanc.

Cette méthode de cuisson convient :

- aux rôtis, carrés et paupiettes de veau
- aux pièces de bœuf (gîte à la noix, paleron)
- aux épaules d'agneau
- aux rôtis et échine de porc

Avantages : Saveur mitonnée d'autrefois. Convient à ceux que répugnent les viandes saignantes.

Inconvénients : Plats longs à cuire, nécessitant une surveillance.

Ragoûts

- Dans une cocotte, sur feu assez vif, faites fondre du beurre.
- Quand il est bien chaud, ajoutez la viande coupée en morceaux ainsi que des légumes aromatiques (champignons, carottes, oignons, navets, etc., selon la recette préparée).
- Lorsque le tout est bien doré, saupoudrez de farine et faites un roux.
- Mouillez avec du bouillon chaud ou du vin.
- Salez, poivrez.
- Couvrez et laissez cuire doucement pendant 1h30 à 2h (temps précisé pour chaque recette).

Cette méthode de cuisson convient :

- au bœuf (gîte-gîte, flanchet, plates-côtes)
- au veau (collet, poitrine, haut de côtes)
- à l'agneau (collet, haut de côtelettes)
- au lapin

Avantages : Plats de grande saveur. Recettes utilisant souvent des morceaux économiques. Plats se réchauffant bien, donc pouvant être préparés à l'avance. Possibilité de réchauffer au four à micro-ondes.

Inconvénients : Recettes peu diététiques. Plats s'accompagnant souvent, en outre, de féculents (pommes de terre, haricots).

Cuire à l'eau

- Versez de l'eau froide dans une marmite.
- Déposez les pièces de viande à l'intérieur.
- Ajoutez quelques os et une cuillerée de sel.
- Portez à ébullition.
- Écumez dès les premiers frémissements.
- Couvrez.
- Baissez le feu et laissez cuire à petits bouillons pendant le temps indiqué pour chaque recette.
- Au fur et à mesure et en fonction de leur temps propre de cuisson, ajoutez les légumes que réclame la recette.
- En fin de cuisson, dégraissez le bouillon obtenu.

Cette méthode de cuisson convient :

- à toutes les variantes de pot-au-feu
- à certaines recettes de blanquette de veau
- au gigot bouilli à l'anglaise (départ dans l'eau bouillante)
- à toutes les recettes de potées et de petits salés

Avantages : Des recettes très saines à condition de bien dégraisser le bouillon (mais de le boire, car c'est lui qui hérite de toutes les vitamines). Des plats chaleureux et conviviaux. Des recettes économiques convenant à une grande tablée.

Inconvénients : Recettes saisonnières à préparer de préférence l'hiver et en intersaisons fraîches.

LES SAUCES

Sauces pour viandes rouges (bœuf et agneau)

O*n trouve aujourd'hui la plupart des sauces pour accompagner les viandes sous des formes diverses dans les rayons des hypermarchés. Chaque fabricant propose même sa propre version de toutes les grandes sauces classiques.*

Sans vouloir prétendre rivaliser avec des sauces de grand chef, ces produits, bien qu'industriels, sont dans l'ensemble de très bonne qualité.

Néanmoins, pour un jour de fête, vous trouverez sans doute autant de plaisir que de fierté à présenter à vos invités votre sauce « maison » qui, si vous lui accordez un peu de soin, vous vaudra aussitôt le surnom de « cordon-bleu ».

Béarnaise
(1ère à gauche sur la photo)

- À feu très doux, faites réduire, pendant 30 min, 1 verre de vinaigre de vin additionné de 2 échalotes hachées, 1 gousse d'ail hachée, 1 branche d'estragon, 1 brin de cerfeuil et 6 grains de poivre blanc.
- Lorsqu'il ne reste plus que 3 C, filtrez la réduction, en pressant bien pour exprimer tous les sucs.
- Mettez cette réduction en casserole, au bain-marie.
- Ajoutez 3 jaunes d'œufs.
- Tournez constamment en ajoutant petit à petit 150 g de beurre en morceaux gros comme des noix.
- Lorsque la sauce est bien liée, ajoutez 2 pincées de sel, 1 C de cerfeuil haché et 1 c d'estragon haché.
- Servez de suite ou, si vous réchauffez, faites-le au bain-marie, sans jamais laisser monter trop en température.

Chasseur

- Faites réduire 1 L de marinade (selon la recette) aux 2/3 de son volume.
- Préparez un roux brun avec 50 g de beurre et 60 g de farine.
- Mouillez ce roux avec la marinade.
- Ajoutez 1/2 verre du jus de cuisson de la pièce de viande.
- Rectifiez l'assaisonnement en sel et poivre.
- Liez la sauce avec 2 C de gelée de groseille.

Chateaubriand

- Faites dorer 50 g d'oignon haché et 100 g de lard taillé en fins lardons dans 50 g de beurre.
- Ajoutez 60 g de farine. Remuez à la cuiller en bois.
- Versez 30 cl de bouillon de bœuf sans cesser de remuer.
- Salez, poivrez et laissez cuire 15 min à feu doux.
- Au moment de servir, ajoutez le jus de 1 citron, 1 C d'estragon haché et 2 C de persil haché.

Choron
(1ère à droite sur la photo)

- Préparez une béarnaise comme indiqué ci-contre.
- Au dernier moment, en lieu et place de l'estragon haché, ajoutez 1 c de concentré de tomate.
- Relevez la saveur avec un soupçon de poivre de Cayenne.

Madère *(2e à gauche sur la photo)*

- Préparez une sauce Chateaubriand comme indiqué ci-contre.
- Mais : coupez le bouillon de bœuf d'un quart (7,5 cl) de madère.
- Au moment de servir, n'ajoutez ni citron, ni estragon, ni persil, mais 2 C de madère.

Moutarde

- Dans un bol, au bain-marie, mettez 2 C de moutarde forte.
- Ajoutez 100g de beurre en tournant jusqu'à fusion et amalgame avec la moutarde.
- Ajoutez 1/2 c de maïzena délayée dans 10 cl de bouillon.
- Chauffez tout doucement en remuant, sans jamais laisser bouillir, pendant 5 min.
- Salez, poivrez et ajoutez 1 C de crème.

Perigueux

- Ajoutez une petite boîte de pelures de truffe dans une sauce madère (voir recette ci-contre).

Tomates *(au centre sur la photo)*

- Avec 50g de beurre et 60g de farine, préparez un roux blond.
- Mouillez-le avec 50 cl de coulis de tomates.
- Ajoutez 1 verre de bouillon, une carotte finement émincée, 1 oignon haché, 1 C de persil haché et une pincée de thym frais.
- Salez, poivrez et laissez mijoter 35 min.
- Au moment de servir, ajoutez 50 g de beurre.

Vert pré *(2e à droite sur la photo)*

- Préparez une béarnaise comme indiqué ci-contre.
- Au dernier moment, en plus du cerfeuil et de l'estragon, ajoutez : 1 C de persil haché, 1 c de basilic haché, 1 c de menthe hachée, 1 c de ciboulette hachée.

Sauces pour viandes blanches (veau, porc, lapin)

Blanche (sauce de base)

■ Délayez 40 g de farine dans 10 cl d'eau froide.
■ Portez 50 cl de bouillon léger de volaille à ébullition.
■ Versez aussitôt la farine délayée dans le bouillon, en remuant.
■ Ajoutez 1 pincée de poivre blanc et 3 pincées de sel.
■ Laissez réduire à feu très doux pendant 15 min.
■ Incorporez alors 50 g de beurre par petites noisettes.

Bordelaise

■ Hachez finement 1 oignon, 1 gousse d'ail et 100 g de champignons (cèpes, si possible).
■ Faites sauter ce hachis dans 2 C d'huile d'olive.
■ Ajoutez 10 cl de vin de Bordeaux blanc moelleux.
■ Laissez réduire 10 min à feu doux.
■ Ajoutez 30 cl de sauce blanche (voir ci-dessus).
■ Assaisonnez à votre goût en sel et poivre et laissez encore cuire 5 min.

Note : En réalisant la sauce bordelaise avec du vin rouge, on obtient une sauce pour viandes rouges. Il en ira de même d'une sauce moelle, préparée à partir d'une bordelaise au vin rouge.

Ivoire

■ Faites réduire sur feu doux ½ L de sauce blanche (voir ci-contre), jusqu'à ce qu'il n'y ait plus que la moitié du liquide.
■ Ajoutez alors 20 cl de crème fraîche en un petit filet, en fouettant vigoureusement.
■ Servez immédiatement.

Moelle

■ Dans 30 cl de sauce bordelaise (voir ci-contre) bien chaude, incorporez 150 g de moelle de bœuf émincée en fines rondelles.
■ Ajoutez une douzaine de croûtons dorés frottés d'ail.
■ Nappez aussitôt sur la viande.

Poulette

■ Dans 30 cl de sauce blanche (voir ci-contre), faites cuire à feu doux 100 g de petits oignons grelots pendant 15 min.
■ Ajoutez le jus de 1 citron, 5 cl de vin blanc sec, 50 g de beurre et un jaune d'œuf.
■ Fouettez hors du feu et savourez aussitôt.

Printanière

■ Malaxez 100 g de beurre avec 1 C de persil haché, 1 c de cerfeuil haché, 1 c d'estragon haché et 1 c de ciboulette hachée.
■ Incorporez, à chaud, ce beurre d'herbes à 30 cl de sauce blanche (voir ci-contre).

Soubise

■ Pelez 500 g d'oignons.
■ Faites-les cuire 10 min à l'eau bouillante salée.
■ Égouttez-les et faites-les sauter quelques minutes dans 50 g de beurre sans les laisser prendre couleur.
■ Ajoutez 10 cl de bouillon de viande bien corsé, 10 cl de vin blanc sec, 1 pincée de sel et 2 pincées de poivre blanc.
■ Laissez réduire 10 min à feu moyen.
■ Filtrez la réduction obtenue et incorporez-la dans 25 cl de sauce blanche (voir ci-contre).
■ Ajoutez 2 C de crème.
■ Mélangez hors du feu et servez aussitôt.

Suprême

■ Dans 30 cl de sauce blanche (voir ci-contre), faites cuire 30 min, à feu doux, 100 g de petits champignons de Paris émincés.
■ Ajoutez 10 cl de crème fraîche, rectifiez l'assaisonnement et servez aussitôt.

Tous ces condiments et aromates parfumeront les sauces pour viandes blanches.

LE BŒUF

Même si nous sommes bien loin, grâce au ciel, de l'incroyable menu «tout en bœuf» que rapporte Alexandre Dumas et qui ne comptait pas moins de 22 plats… de bœuf, cette viande n'en demeure pas moins la favorite de la plupart de nos contemporains.

Il est pourtant usuel de se lamenter sur un déclin présumé de la qualité gastronomique de cet animal.

S'il est vrai que l'excellente race normande a dû céder la place à des races plus productives, et que les merveilleux bœufs de Kobe japonais ou Black Angus d'Écosse sont difficilement accessibles de par leurs prix prohibitifs, il ne faut pas en conclure hâtivement que «le bœuf n'est plus ce qu'il était».

En effet, même si l'on peine parfois à retrouver la qualité d'autrefois, il faut bien constater que la qualité moyenne du bœuf est en très nette hausse. Il n'est que de déguster les découpes très variées que l'on trouve dans les rayons de nos hypermarchés, pour s'en convaincre.

Le choix est aujourd'hui facile puisque tout est indiqué sur les emballages : catégorie, qualité, choix, poids, prix…

Tout y est, sauf quelques conseils d'utilisation. Or, c'est justement l'un des buts de cet ouvrage, que de préciser les modes de cuissons convenant à chaque type de produit. Car il ne serait rien de plus désespérant que de préparer un pot-au-feu avec un morceau de filet ou de tailler un steak dans une pièce de bourguignon : l'un et l'autre seraient résolument immangeables.

Principales découpes de bœuf

En haut, de gauche à droite :

Tournedos
Pot-au-feu
Côte de bœuf

En bas, de gauche à droite :

Pièce pour tailler des steaks
Rôti bardé et ficelé
Morceaux de bourguignon

LES DIFFÉRENTES SORTES DE VIANDES À STEAK

Les viandes persillées

Il s'agit des morceaux les plus nobles du bœuf, dans lesquels le gras s'est infiltré en fins filaments dans les chairs, leur donnant une tendreté et une finesse incomparables.

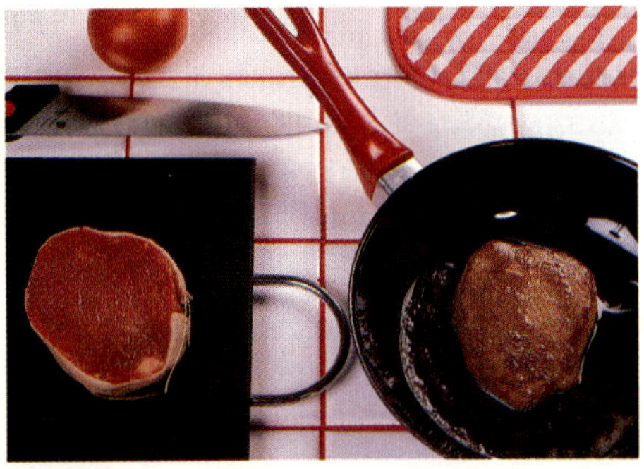

Le filet

■ En steaks, en chateaubriands ou en tournedos comme ci-dessus, c'est la plus tendre des viandes. La plus chère aussi. Et pourtant, certains vrais amateurs de viande considèrent le filet comme un peu fade. Il demande souvent à être accompagné d'une sauce.

Le faux-filet

■ Ce peut être le meilleur et le pire des morceaux. Voisin du filet, il est en général plus savoureux et à peine moins tendre chez certaines bêtes de belle qualité. Il peut se révéler en revanche dur et insipide chez d'autres. Il faut le choisir de couleur assez sombre et le plus persillé possible.

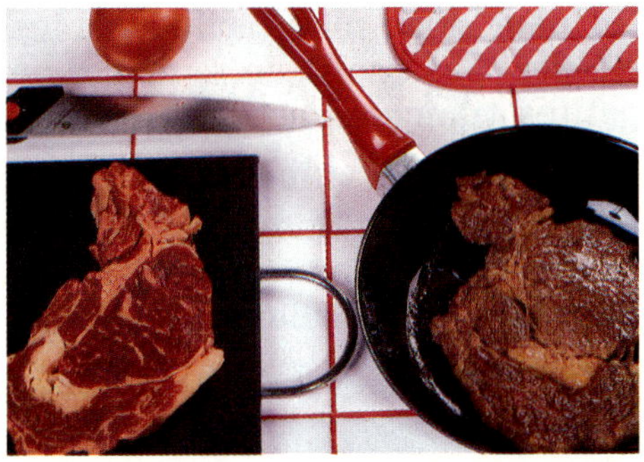

L'entrecôte

■ La reine des viandes pour ceux qui apprécient les pièces grasses : toujours savoureuse, presque toujours tendre. Ceux qui détestent le gras la massacrent véritablement et en laissent plus de la moitié au bord de leur assiette. Le gras doit être blanc, jamais jaune, ce qui est un signe de viande rancie (et non « rassise », terme qui désigne une viande parvenue à son juste épanouissement gastronomique).

Nommées ainsi par opposition aux viandes à fibres longues (voir page suivante), il s'agit des viandes à fibres serrées que l'on destine plus particulièrement aux enfants et aux personnes âgées, car elles sont toujours assez faciles à mastiquer. Elles n'en ont pas moins de nombreux amateurs parmi les adultes et les gourmets.

Le romsteck

■ C'est dans cette partie de l'aloyau que se taille le bon bifteck classique. Tantôt tendre, tantôt un peu ferme, souvent de bonne saveur, parfois faible de goût, il offre des steaks de qualités bien différenciées suivant la valeur de la bête. Il faut le choisir un peu persillé et de coloration pas trop claire ; mais tout cela n'est qu'indicatif car même les bouchers s'y trompent souvent.

Le merlan

■ Avec l'araignée et la poire, le merlan fait partie de ce que les gens appellent « les morceaux du boucher ». En fait, peu de bouchers raffolent réellement de cette pièce plutôt tendre, certes, mais toujours de saveur peu marquée. Une viande idéale pour ceux qui n'apprécient que modérément les steaks !

Le steak haché

■ Dans la famille des viandes rouges accessibles à tous, la viande hachée arrive en tête. Mais s'il y a peu d'efforts à faire pour la mastiquer, il y en a beaucoup pour lui trouver du goût. C'est en l'additionnant de condiments (oignon, ail, etc.) ou en la nappant de sauce comme dans les hamburgers, que la viande hachée devient un steak plaisant à déguster.

Vous ne ferez pas manger un steak de viande courte à un fanatique de viandes longues : il le trouvera « sans intérêt ».

Il est vrai que si l'on possède de bonnes dents, une mâchoire à toute épreuve et une certaine subtilité de palais, une bavette ou un onglet sont succulents. Encore que ces viandes soient parfois d'une extraordinaire tendreté qui, alliée à leur délectable saveur, en fait alors des morceaux de roi.

L'aiguillette

■ Cette partie du romsteck assure la transition entre les viandes courtes et les viandes longues. Elle constitue une bonne initiation pour passer des unes aux autres.

La bavette d'aloyau

■ Sa longue texture fibreuse enchante les uns et déplaît à d'autres. Mais c'est assurément l'une des viandes qui a le plus de goût. C'est cuite saignante qu'elle est le plus agréable, car bleue, elle est vraiment trop ferme et, bien cuite, elle perd une bonne part de sa saveur.

L'onglet

■ La plus fibreuse et la plus parfumée de toutes les viandes à steaks. Souvent plus tendre que la bavette, l'onglet est un morceau relativement fragile qui ne se conserve pas très longtemps au réfrigérateur. On l'apprête souvent avec des échalotes. À noter que l'onglet, du fait de son emplacement anatomique, est considéré comme une pièce de triperie et non de boucherie.

CÔTE DE BŒUF À LA CHAROLAISE

pour 6 personnes

De la qualité de la viande dépendra essentiellement la réussite de cette délicieuse recette.

1	**belle côte de bœuf de 1,5 kg**
60 g	**de beurre**
4	**échalotes**
1	**oignon**
1 C	**de farine**
10 cl	**de bouillon de bœuf**
40 cl	**de vin rouge**
150 g	**de moelle de bœuf**
1 c	**de thym frais**
1	**petit bouquet de cerfeuil**
½ c	**de poivre mouliné**
4	**pincées de sel**

■ Faites griller la côte 20 min en la retournant à mi-cuisson (voir pages 226 et 238).

■ Pendant la cuisson de la viande, préparez la sauce. Pour cela, faites revenir dans le beurre les échalotes et l'oignon haché (on trouve maintenant échalotes et oignons hachés en sacs de plastique dans tous les hypermarchés).

■ Saupoudrez avec la farine et laissez blondir.

■ Versez le bouillon et le vin rouge. Ajoutez le thym, le sel et le poivre.

■ Laissez réduire pendant 15 min à feu doux.

■ Filtrez cette sauce.

■ Pochez la moelle coupée en rondelles pendant 1 min dans la sauce. Rectifiez l'assaisonnement.

■ Tranchez la côte de bœuf sitôt qu'elle est cuite à votre convenance. Nappez-la de sauce à la moelle et parsemez de petits brins de cerfeuil.

LES BEURRES COMPOSÉS POUR STEAKS

Entre manger une grillade nature, de façon un peu monacale, et l'accompagner d'une sauce riche, il existe un moyen terme : le beurre composé.

Frais, donc beaucoup plus digeste et moins nocif que cuit, le beurre est le compagnon idéal du steak, à l'instar de la moutarde.

Voici quelques manières d'aromatiser savoureusement ce beurre dont vous déposerez une petite noix bien fraîche sur la grillade bien chaude.

Beurre de roquefort
(en haut, à gauche)

- Battez 100g de beurre en pommade.
- Incorporez-lui 75g de roquefort écrasé à la fourchette.
- Ajoutez 1 pincée de thym frais, 1c de calvados, de marc ou de cognac et 3 pincées de poivre blanc.
- Mélangez et conservez au frais.

Beurre d'anchois
(au centre, à gauche)

- Battez 100g de beurre en pommade.
- Incorporez-lui 5 filets d'anchois finement hachés.
- Ajoutez 2 pincées de poivre gris.
- Mélangez et conservez au frais.

Beurre de crabe
(en bas, à gauche)

- Battez 100g de beurre en pommade.
- Incorporez-lui 75g de chair de crabe ou de surimi haché (bâtonnets de poisson aromatisés au crabe que l'on trouve dans tous les hypermarchés).
- Ajoutez 1c de persil haché et 1 pincée de poivre de Cayenne.
- Mélangez et conservez au frais.

Beurre au poivre vert
(en haut, à droite)

- Battez 100g de beurre en pommade.
- Incorporez-lui 1C de grains de poivre vert frais en boîte.
- Ajoutez 1c du jus de poivre vert contenu dans la boîte, 3 pincées de sel et 1c de crème fraîche.
- Mélangez et conservez au frais.

Beurre aux câpres
(au centre, à droite)

- Battez 100g de beurre en pommade.
- Incorporez-lui 2C de câpres égouttées.
- Ajoutez ½c d'anisette (pastis), 2 pincées de poivre blanc et 3 pincées de sel.
- Mélangez et conservez au frais.

Beurre à l'échalote
(en bas, à droite)

- Battez 100g de beurre en pommade.
- Incorporez-lui 2 petites échalotes nouvelles, hachées avec une partie de leur tige. Si vous utilisez des échalotes plus anciennes, blanchissez-les 2 min à l'eau bouillante salée.
- Ajoutez 2 pincées de poivre et 3 pincées de sel.
- Mélangez et conservez au frais.

LA FONDUE BOURGUIGNONNE...

On ne peut pas vraiment la classer dans les recettes diététiques, c'est une évidence! Et le lendemain d'une fondue bourguignonne, on a envie de repeindre les murs et d'arracher les tapis qui sont imprégnés de son odeur tenace...

Et pourtant! Comment résister, au moins une fois de temps en temps, aux sports d'hiver, par exemple, à la tentation qu'exerce ce formidable plat qui nous vient de Suisse, comme son nom ne l'indique pas?

Elle nous attire, cette fondue, par son caractère amical et parce que nous sommes, vaille que vaille, des carnassiers. Reconnaissons qu'il n'est guère de manières plus sympathiques de déguster une bonne viande.

Quelques conseils

- Comptez 200 à 250 g de viande par personne.
- Choisissez une viande tendre : filet ou cœur de romsteck.
- Coupez la viande en cubes de 2,5 cm de côté.
- Faites chauffer l'huile sur la cuisinière dans un poêlon de cuivre.
- Utilisez de préférence une huile de pépins de raisins, ou à défaut, d'arachide.
- Allumez le réchaud à fondue.
- Déposez dessus le poêlon d'huile très chaude.
- Ne remplissez jamais le poêlon plus haut que la moitié de sa hauteur.
- Ne tournez jamais la queue du poêlon en direction d'un enfant ou d'un maladroit notoire.
- Proposez 2 fourchettes à chaque convive : une fourchette à fondue pour faire cuire la viande dans l'huile et une fourchette de table pour la manger, car il est dangereux de porter à sa bouche une fourchette sortant de l'huile bouillante.
- Salez et poivrez légèrement les cubes de viande.
- Disposez les sauces autour du poêlon et faites-les tourner afin que chacun puisse se servir à sa guise.

...ET SES SAUCES

Créole *(en haut, à gauche)*

■ Dans une tasse (25 cl) de mayonnaise, incorporez ½ poivron rouge taillé en fines lanières, un piment fort émincé et 1 c de rhum.

Dijonnaise
(2e en partant du haut, à gauche)

■ Dans une tasse (25 cl) de mayonnaise, incorporez 2 C pleines de moutarde forte.

Tartare
(3e en partant du haut, à gauche)

■ Dans une tasse (25 cl) de mayonnaise, incorporez 2 œufs durs hachés, 2 C de câpres et 4 cornichons émincés.

Aillade *(en bas, à gauche)*

■ Dans une tasse (25 cl) de mayonnaise, incorporez 1 C d'ail haché, 1 C d'échalote hachée, 1 c d'estragon haché et 2 C de persil haché.

Andalouse *(en haut, à droite)*

■ Dans une tasse (25 cl) de mayonnaise, incorporez 3 C de ketchup pimenté, 2 C de crème fraîche et 1 c de whisky.

Portugaise
(2e en partant du haut, à droite)

■ Dans une tasse (25 cl) de mayonnaise, incorporez le jus d'un citron, 1 C de porto et 5 filets d'anchois finement hachés.

Antiboise
(3e en partant du haut, à droite)

■ Dans une tasse (25 cl)c de mayonnaise, incorporez 1 c d'ail haché, 1 c d'anisette (pastis) et 1 c de safran en filaments ou, à défaut, ½ c de safran en poudre.

Indienne *(en bas, à droite)*

■ Dans une tasse (25 cl) de mayonnaise, incorporez 1 c de paprika, ½ c de curry, 2 C de pomme râpée et 2 C de raisins de Corinthe trempés dans du Cointreau.

LA GRILLONNADE

C'est une fondue bourguignonne sensiblement moins lourde, grâce à un appareil électrique conçu par une société française.

Cet appareil est constitué de 6 godets revêtus intérieurement d'une couche antiadhésive. Ces godets tournent sur eux-mêmes en même temps qu'une résistance les chauffe, ce qui permet à la viande, coupée en cubes comme pour une fondue bourguignonne, de cuire sans être plongée dans de l'huile. Il suffit simplement de l'enduire légèrement ou mieux encore, de la faire mariner.

Voici comment procéder :

■ Pour 6 personnes, comptez 1,5 kg de viande (filet ou cœur de romsteck) coupée en cubes de 2,5 cm de côté.
■ Mettez ces dés de viande à mariner 1 h dans un mélange composé de 5 C d'huile, 1 C de sauce soja, 2 C de persil haché, 1 gousse d'ail écrasée et de 1 c de poivre moulu.
■ Ne salez qu'au moment de manger.

■ Préchauffez l'appareil 15 min.
■ À l'aide d'une fourchette à fondue ou de baguettes, selon son adresse, chacun déposera des morceaux de viande dans le godet situé devant soi.

■ Chacun cuit sa viande à son goût et la trempe dans une sauce de son choix.
■ Les sauces pour fondue bourguignonne conviennent très bien à la grillonnade (voir page précédente.)

LA VIANDE SUR PIERRE

Plus allégée encore, cette grillade sur pierre réfractaire ! Nul besoin de matière grasse, ni aucun ennui dû au « charbonnage » des grils et autres braserades : la viande sur pierre est une véritable révolution. D'autant plus qu'elle fait appel à une technique plusieurs fois millénaire, que les montagnards des Alpes suisses et savoyardes ont remis au goût du jour.

La technique est des plus simples avec les « pierres à cuire » que l'on trouve dans le commerce. Mais rien ne vous empêche de réaliser cette recette avec un beau galet plat ou une petite plaque d'ardoise, à condition de prendre certaines précautions lors de la manipulation de la pierre chaude.

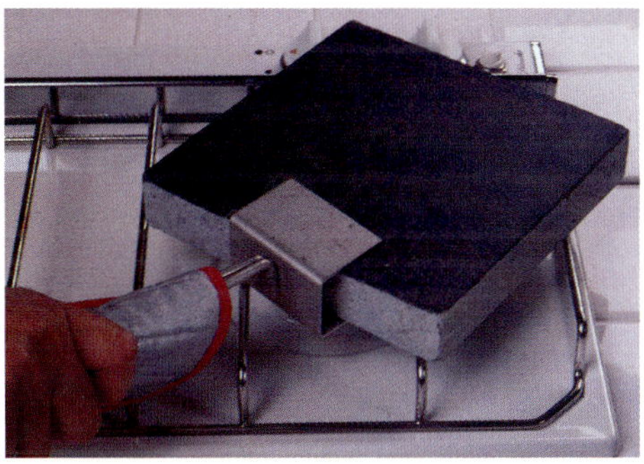

- Faites chauffer la pierre au gaz ou sur une pierre électrique pendant 30 min.
- Pour la manipuler, utilisez la pince fournie par le fabricant.

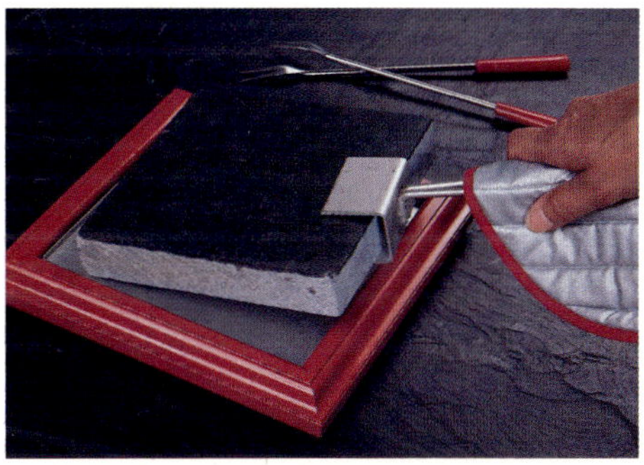

- Déposez la pierre brûlante sur son support, au centre de la table.
- Saupoudrez la pierre de sel fin.

- Chacun fera cuire des lamelles de viande (filet, faux-filet, entrecôte, romsteck) selon son goût, sur la pierre chaude.
- Pour réaliser un repas chaleureux, sympathique et néanmoins diététique, remplacez les sauces pour fondue bourguignonne par de la moutarde, de la sauce soja et du nuoc-mâm.

TOURNEDOS AUX CÈPES

pour 4 personnes

1	sachet de cèpes séchés
1	verre à liqueur de marc de Bourgogne
20 cl	de crème
4	pincées de sel
4	tours de moulin à poivre
4	tournedos
40 g	de beurre
1 C	de ciboulette hachée

- Faites tremper les cèpes dans de l'eau tiède pendant 1 h pour les réhydrater.
- Égouttez-les soigneusement.
- Mettez-les dans une casserole à fond épais. Versez le marc pardessus.
- Ajoutez la crème et faites réduire de moitié à feu doux, soit environ 10 min.
- Salez et poivrez en fin de cuisson et maintenez cette sauce au chaud.
- Poêlez les tournedos dans le beurre selon la cuisson de votre goût (entre 2 min pour bleu et 5 min pour bien cuit).
- Assaisonnez la viande et sitôt qu'elle est cuite, versez le jus rendu dans la sauce aux cèpes. Mélangez.
- Nappez les tournedos de cette sauce.
- Parsemez de ciboulette.
- Dégustez avec un plat de pâtes en accompagnement.

RÔTI DE BŒUF SAUCE FOYOT

pour 6 personnes

1	rôti de bœuf de 1 kg
30 g	de beurre
200 g	de béarnaise (voir page 232)
4	pincées de poivre
½ c	de sel

- Préchauffez le four à 240° pendant 15 min.
- Disposez le rôti dans un plat allant au four.
- Parsemez-le de noisettes de beurre et poivrez-le, mais ne le salez pas. En effet, le sel fait sortir l'eau des tissus de la viande, ce qui lui retire son moelleux et sa saveur.
- Mettez le rôti dans le four bien chaud.
- Sitôt qu'une croûte dorée s'est formée, baissez le four à 200° et saupoudrez de sel.
- Comptez 18 min pour une cuisson bleue, 22 min pour une cuisson saignante et 26 min pour une cuisson à point.
- Quand il est cuit, mettez le rôti de côté au chaud.
- Déglacez le jus de cuisson avec 1 C d'eau chaude. Filtrez le jus et faites-le réduire de moitié à feu vif, en casserole.
- Incorporez ce jus à la béarnaise et servez aussitôt le rôti avec cette sauce et des pommes dauphines.
- Si l'on est pressé, la sauce Foyot peut se préparer avec une béarnaise en pot.

ENTRECÔTE À LA JAPONAISE

pour 2 personnes

Cette recette japonaise se déguste légèrement arrosée de citron et rehaussée d'une pointe de moutarde au raifort (wassabi), que l'on peut remplacer sans inconvénient par de la moutarde forte. L'accompagnement idéal sera des germes de soja sautés à la poêle.

4 C	**de sauce soja**
3 C	**de sucre en poudre**
4 C	**de saké (boisson alcoolisée japonaise que l'on peut très bien remplacer par du vin blanc sec)**
1	**pincée de gingembre en poudre**
2 C	**d'huile**
1	**entrecôte de 400 g**

- Mélangez le soja, le sucre, le saké ou vin blanc, et le gingembre.
- Dans une poêle, faites chauffer l'huile.
- Faites cuire l'entrecôte selon votre goût de 3 à 6 min.
- Retirez-la de la poêle sitôt qu'elle est cuite et maintenez-la au chaud.
- Déglacez la poêle avec la préparation au soja et laissez réduire de moitié à gros bouillons.
- Tranchez l'entrecôte et nappez-la avec la sauce très chaude.

GRILLADE LYONNAISE

pour 10 personnes

Ce plat à l'étonnante saveur saura enthousiasmer même ceux qui détestent les oignons et l'anchois !

1,5 kg	**de bœuf (macreuse ou onglet)**
1,5 kg	**d'oignons**
125 g	**de beurre**
1 C	**de farine**
2	**gousses d'ail**
½ c	**de sel**
½ c	**de poivre**
10 cl	**de vinaigre de vin rouge**
75 g	**de beurre d'anchois**

▪ Coupez la viande en tranches de la taille d'une bouchée.

▪ Épluchez les oignons et émincez-les très finement.

▪ Maniez le beurre avec la farine et incorporez-lui l'ail râpé.

▪ Dans une cocotte, disposez un lit d'oignons émincés, puis une couche de viande, puis de l'oignon et ainsi de suite, jusqu'à épuisement des ingrédients, en terminant par une couche d'oignons. Salez et poivrez entre chaque couche.

▪ Parsemez de beurre manié en petites noisettes.

▪ Couvrez et faites cuire 30 min à feu doux.

▪ Pendant ce temps, délayez le beurre d'anchois dans le vinaigre et au bout des 30 min, versez dans la cocotte.

▪ Couvrez de nouveau, laissez cuire encore 1 h tout doucement.

▪ 15 min avant la fin de la cuisson, découvrez, si besoin, pour réduire la sauce. Cela dépendra de la teneur en eau des oignons.

BŒUF À LA FICELLE

pour 6 personnes

Une très vieille recette pourtant encore bien au goût du jour parce que savoureuse et parfaitement diététique.

■ Choisissez un rôti de 1,2 kg environ. Prenez-le plutôt trapu qu'allongé, car il cuirait trop vite.

■ Le filet et le romsteck sont les viandes qui conviennent le mieux à cette préparation, mais aussi la tranche ou le faux-filet.

■ Le rôti doit être solidement ficelé, mais non bardé.

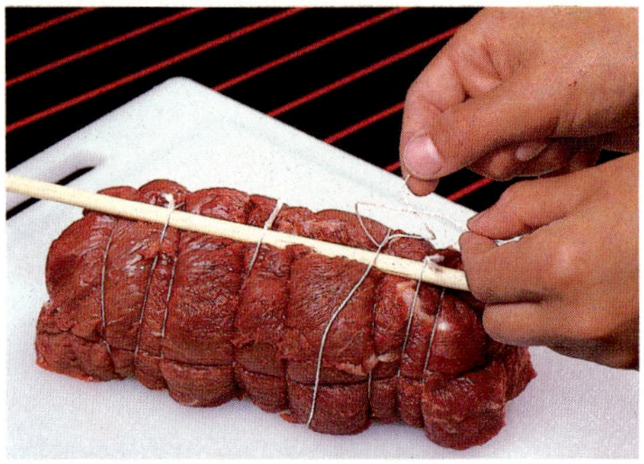

■ Ficelez le rôti en trois points à une baguette rigide ou au manche d'une cuiller en bois.

■ Portez 3 litres de bouillon à ébullition dans une cocotte. C'est un bouillon de volaille qui communiquera la plus fine saveur à la viande. Il existe aujourd'hui dans les rayons des hypermarchés des bouillons concentrés liquides instantanés tout à fait excellents.

■ Plongez la viande d'un coup dans le bouillon en pleine ébullition. Le dispositif de ficelage permet à la viande de cuire dans le liquide sans qu'aucune de ses faces ne soit en contact avec le récipient.

■ Couvrez.

■ Cuisez de 20 à 25 min, suivant votre goût.

■ Les sauces pour viandes rouges agrémentent cette recette du terroir (voir page 232), mais c'est à notre sens nature, avec simplement du gros sel et du poivre du moulin, que le bœuf à la ficelle exprime le mieux sa subtile saveur.

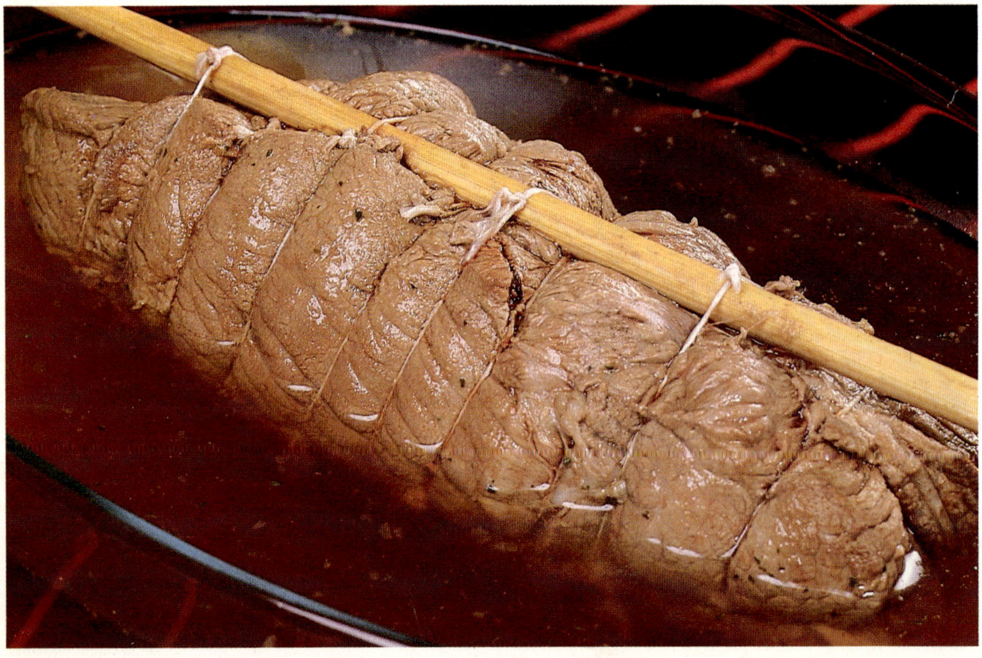

BŒUF EN DAUBE

pour 8 personnes

U*ne merveilleuse recette que l'on pourra réchauffer à plusieurs reprises et qui n'en sera que meilleure.*

1,5 kg	**de bœuf (gîte à la noix)**
50 g	**de beurre**
2 C	**d'huile**
3	**gros oignons**
2 C	**de farine**
1	**bouteille de beaujolais**
25 cl	**de bouillon de bœuf**
2	**pieds de porc coupés en 4**
500 g	**de couenne maigre**
1,5 kg	**de carottes***
2	**gousses d'ail**
1	**bouquet garni**
2	**morceaux de sucre**
1 c	**de sel**
½ c	**de poivre**
1	**bouquet de persil**

▪ Découpez la viande en cubes de 5 cm de côté.
▪ Dans une grande cocotte, faites chauffer le beurre et l'huile.
▪ Faites revenir dedans, les morceaux de viande à feu vif.
▪ Ajoutez les oignons finement émincés. Baissez le feu et laissez-les suer.
▪ Saupoudrez de farine.
▪ Versez le beaujolais et le bouillon.
▪ Ajoutez les pieds, la couenne taillée en larges bandes et les carottes coupées en rondelles assez fines.
▪ Incorporez également l'ail, le bouquet garni, le sucre, le sel et le poivre.
▪ Couvrez et laissez cuire doucement pendant 2 h en remuant de temps en temps. Découvrez en fin de cuisson pour réduire la sauce, au besoin.

** En utilisant des carottes précuites à la vapeur en barquettes sous vide, vous pourrez réduire le temps de cuisson de 30 min.*

BŒUF AUX CAROTTES

pour 6 personnes

U*n excellent mets qui rappellera à vos convives la bonne cuisine de nos grands-mères.*

Découpez la viande en cubes d'environ 3 cm de côté.

Mettez-la dans le plat avec tous les légumes et aromates. Versez le vin rouge et laissez mariner 2 heures.

Retirez la viande marinée du plat; sa cuisson sera beaucoup plus rapide que celle des carottes et de la sauce.

1 kg	**de bœuf, haut-de-côtes**
300 g	**de carottes coupées en rondelles fines**
120 g	**d'oignons émincés**
1½ c	**de thym haché**
2	**feuilles de laurier**
1½ c	**d'ail haché**
1½ c	**de poivre**
1½ c	**de sel**
35 cl	**de vin rouge de qualité**
35 cl	**de bouillon de bœuf**
2 C	**d'huile végétale**

- Découpez la viande en cubes d'environ 3 cm de côté.
- Mettez-la dans le plat.
- Ajoutez les rondelles de carottes, les oignons émincés, le thym haché, les feuilles de laurier brisées, l'ail, le poivre et le sel.
- Versez le vin rouge.
- Laissez mariner 2 h, couvert d'un linge, en remuant tous les quarts d'heure avec une cuiller en bois.
- Après ce temps, retirez les morceaux de viande et épongez-les bien avec du papier absorbant. Versez la marinade et les légumes dans une casserole et ajoutez le bouillon de bœuf. Remuez et couvrez. Portez à ébullition et laisser mijoter lentement à feu doux pendant 1 h.
- Pendant ce temps, faites chauffer l'huile dans une poêle. Faites colorer les cubes de bœuf sur toutes leurs faces. Lorsqu'ils seront bien saisis, ajoutez-les à la sauce qui mijote pour les dernières minutes de cuisson.

PAIN DE VIANDE

pour 6 personnes

Avec une bonne salade mixte, ce pain de viande constitue un excellent repas.

Rassemblez tous les ingrédients.

Travaillez la viande hachée avec les œufs, la moutarde, le sucre, les sauces Worcestershire et tabasco et le sel.

Passez au mélangeur les champignons, les oignons, le persil et le thym. Ajoutez la sauce tomate. Mélangez.

75 g	**de champignons hachés**
100 g	**d'oignons hachés**
3 C	**de persil haché**
1½ c	**de thym haché**
15 cl	**de sauce tomate**
1 kg	**de bœuf haché**
3	**œufs**
1½ C	**de moutarde forte**
3 C	**de cassonade en poudre**
3 c	**de sauce Worcestershire**
9	**traits de sauce tabasco**
1½ c	**de sel**

- Préchauffez le four à 175°.
- Coupez grossièrement les champignons, les oignons, le persil et le thym.
- Passez-les au mélangeur jusqu'à l'obtention d'un hachis assez fin.
- Ajoutez la sauce tomate. Mélangez.
- Travaillez la viande hachée avec les œufs, la moutarde, la cassonade, les sauces Worcestershire et tabasco et le sel.
- Malaxez ensemble le hachis de légumes et la viande assaisonnée. Travaillez à la spatule jusqu'à ce que l'appareil soit bien homogène. Lissez.
- Graissez légèrement le plat de cuisson.
- Transvasez-y l'appareil. Tassez et lissez avec une spatule.
- Enfournez environ 1 h.
- Une fois que le pain est cuit, laissez-le reposer, puis démoulez.
- Servez chaud ou froid, décoré au goût de rondelles de tomate et de concombre, ou nappez-le de sauce tomate.

CHILI DE BOULETTES

pour 2 personnes

Une adaptation plus nourrissante du célèbre chili con carne mexicain!

Préparez les boulettes selon la recette de la page 304-305.

Dans un bol, mélangez le jus de tomate, le jus de citron, l'oignon, le poivron vert, le persil et le thym hachés, l'origan, le chili en poudre et le sel.

Disposez les boulettes et les haricots rouges dans le plat de cuisson et nappez de sauce.

6	**boulettes de viande de 50 g chacune**
12 cl	**de jus de tomate**
2 c	**de jus de citron**
2 C	**d'oignon haché**
4 C	**de poivron vert haché**
2 C	**de persil haché**
2 c	**de thym haché**
1/4 c	**de chili en poudre ou poivre de Cayenne**
1 c	**d'origan déshydraté**
1/2 c	**de sel**
125 g	**d'haricots rouges cuits, en conserve ou maison**

- Confectionnez les boulettes selon la recette de la page 304-305.
- Préchauffez le four à 190°.
- Préparez la sauce en mélangeant dans un bol le jus de tomate, le jus de citron, l'oignon et le poivron vert hachés très finement, le persil et le thym hachés, le chili ou le poivre de Cayenne, l'origan déshydraté et le sel.
- Disposez les boulettes dans le plat de cuisson.
- Parsemez de haricots rouges et nappez de la sauce. Veillez à bien recouvrir les boulettes de sauce pour éviter qu'elles ne se dessèchent en cuisant.
- Couvrez de papier d'aluminium et enfournez environ 1 h 15.
- Servez de suite.

LE VEAU

Au milieu du siècle dernier, le meilleur veau que l'on pouvait déguster en France provenait notamment, de la région parisienne, de Pontoise et de Montargis.

Au milieu de notre siècle, la Corrèze, la Haute-Loire et le Limousin tenaient le haut du pavé. Les veaux de ces régions restent encore sans doute les plus recherchés en cette fin de siècle, mais force est de reconnaître qu'ils se font rares.

Ce seraient même plutôt les Pays-Bas qui seraient en train de nous détrôner sinon par la qualité (ce qui reste à démontrer !), du moins par la quantité et les prix.

La dinde aussi, dont les producteurs font de gros efforts, empiète sur la part de marché du veau.

Depuis peu de temps, on assiste à une légère reprise de cette viande si exquise... quand elle est bonne. Grâce en particulier aux grandes surfaces qui, en proposant des découpes de veau appétissantes et bien conditionnées, nous redonnent l'envie de les cuisiner.

L'excellente viande de veau provient d'animaux âgés de deux à trois mois, nourris exclusivement du lait de leur mère.

Un bon veau doit présenter une chair blanche, avec de légers reflets moirés verdâtres. Ne prenez surtout pas cela pour le signe d'une viande avancée, bien au contraire ! C'est celui d'une belle provenance. Surtout si la graisse en est blanche et satinée.

Au toucher, le veau doit avoir une consistance de beurre et dégager une vague odeur laiteuse.

Enfin, efforcez-vous d'oublier tout ce qui a été dit (et chanté) sur le veau aux hormones. Le législateur, surtout à l'approche du grand marché européen, se montre vigilant.

Les découpes de veau que l'on rencontre dans tous les hypermarchés.

En haut, à gauche : rôti
En haut, au centre : escalopes
En bas, à gauche : côtes
En bas, au centre : rognon
À droite : morceaux à blanquette

LES ESCALOPES À L'ITALIENNE

pour 4 personnes

*C**es minces tranches de veau se prennent de préférence, dans le filet, dans le contrefilet ou, à défaut, dans la noix ou la sous-noix.*

Appréciées de tous de par leur goût un peu neutre, elles demandent à être relevées en saveur, ce que la cuisine italienne pratique à merveille.

Viande blanche par excellence, l'escalope de veau se prête à une infinité de préparations. En voici quelques-unes parmi les meilleures.

Recette de base

■ Choisissez 4 escalopes de 150 g chacune, environ.
■ Dans une poêle, faites chauffer 50 g de beurre et faites dorer les escalopes à feu vif pendant 5 min de chaque côté.
■ Salez et poivrez en fin de cuisson.
■ Viande peu grasse, une escalope préparée ainsi n'apportera que 350 calories et 20 g de lipides.

Escalope florentine

■ Préparez l'escalope comme indiqué plus haut.
■ Servez-la sur un lit d'épinards à la crème avec un œuf au plat à cheval dessus.
■ Parsemez d'un peu de paprika.

Escalope bolognaise

■ Préparez l'escalope comme indiqué plus haut.
■ Servez-la sur un lit de ravioli frais cuits au beurre.
■ Nappez de sauce bolognaise (il en existe des dizaines de marques en hypermarchés).
■ Saupoudrez de parmesan râpé et décorez d'une olive noire.

Escalope milanaise

- Battez l'œuf.
- Passez l'escalope dans l'œuf battu, puis dans de la chapelure.
- Faites cuire l'escalope comme indiqué ci-contre.
- Servez-la sur un lit de tagliatelle vertes.
- Arrosez d'un filet de citron avant de déguster.

Escalope napolitaine

- Préparez l'escalope comme indiqué ci-contre.
- Servez-la sur un lit de grains de maïs.
- Nappez-la d'une sauce faite de :

1 C	**d'huile d'olive**
2	**anchois pilés**
1 c	**de câpres**
1	**gousse d'ail écrasée**
1 C	**de coulis de tomate**
2	**feuilles de basilic haché**
1	**pincée de poivre de Cayenne**
1	**pincée de sel**

- Mélangez tous les ingrédients et chauffez-les 3 min en remuant constamment.
- Décorez de poivrons et de pains de maïs nains.

Quelques idées d'escalopes à la française

Escalope à la crème

Déglacez la poêle avec 2 C de crème épaisse et servez avec des champignons de Paris.

Escalope au citron

Déglacez la poêle avec le jus d'un citron. Ajoutez 1 C de sucre et laisser réduire. Servez avec du riz.

Escalope gratinée

Recouvrez l'escalope cuite de sauce printanière (voir page 234). Parsemez de gruyère râpé et passez 5 min à four très chaud (270°).

Escalope au jambon

Déglacez la poêle avec 2 C de jus de tomate. Ajoutez 1 C de crème. Recouvrez l'escalope d'une fine tranche de jambon et passez 3 min à four très chaud (270°).

Escalope à l'oignon

Servez l'escalope avec une sauce soubise (voir page 234).

Escalopes en burger

Entre deux escalopes fines, glissez une tranche de fromage à cheeseburger. Passez à four chaud jusqu'à ce que le fromage soit fondu. Servez avec du ketchup.

LAPIN À LA MOUTARDE

pour 6 personnes

Bien souvent, le lapin n'est pas classé dans les viandes mais dans les volailles. Cela ne nous a pas semblé logique compte tenu du fait qu'on n'a encore jamais vu un lapin... voler. C'est pourquoi il figure dans ce chapitre et non dans celui consacré aux volatiles.

3	**pincées de sel**
3	**pincées de poivre**
1,5 kg	**de lapin***
250 g	**de crème fraîche**
200 g	**de moutarde forte**
1	**bouquet de cerfeuil**

- Préchauffez le four à 210°.
- Salez et poivrez les morceaux de lapin.
- Disposez-les dans un plat allant au four, sans aucune matière grasse.
- Enfournez pour 25 min.
- Si la coloration des morceaux de lapin dépasse le stade d'un beau brun doré, recouvrez le plat d'une feuille d'aluminium et réduisez légèrement le temps de cuisson.
- Pendant cette cuisson, mélangez la crème et la moutarde dans une casserole. Faites chauffer doucement en remuant.
- Servez les morceaux de lapin nappés de cette sauce onctueuse et bien relevée.
- Parsemez de cerfeuil au moment de déguster.

** En hypermarchés, on trouve du lapin découpé en barquettes.*

LAPIN EN GARRIGUE

pour 6 personnes

Viande blanche très peu grasse, le lapin plaît généralement à tous et se prête à de nombreuses préparations culinaires.

6	**beaux morceaux de lapin (de 200 g pièce environ)**
6	**pincées de sel**
6	**tours de moulin à poivre**
6 c	**d'huile d'olive**
6 c	**de thym frais haché**
6	**pincées de safran (en poudre ou en filaments)**

- Préchauffez le four à 210°.
- Salez et poivrez chaque morceau de lapin.
- Déposez-les chacun sur un carré de papier d'aluminium.
- Huilez les morceaux de lapin.
- Parsemez-les de thym frais et de safran.
- Emprisonnez-les en papillotes.
- Enfournez pour 30 min.
- Apportez les papillotes fermées sur la table ; chacun ouvrira la sienne et sentira une divine bouffée de garrigue lui monter aux narines.

LE MOUTON ET L'AGNEAU

O*n a coutume de différencier le mouton de l'agneau et de l'agneau de lait.*

Le mouton est, proprement dit, l'animal parvenu à son entier développement. Sa chair doit être rouge clair et sa graisse blanche, un peu translucide. Ce sont des signes de bonne qualité, de même qu'une odeur faible et plaisante. Le mouton de basse catégorie se reconnaît à une chair plus sombre, molle, flanquée d'une graisse jaunâtre qui dégage une odeur de laine ou de suint.

Les moutons français les plus réputés viennent du Limousin ou de Sisteron.

L'agneau est un jeune mouton sevré qui n'a pas encore achevé sa croissance. Sa viande est tendre, rose foncée avec une graisse bien blanche et une saveur délicieuse.

Les agneaux élevés en pré-salé, ceux du Mont-Saint-Michel tout spécialement, se sont taillés une réputation très justifiée.

L'agneau de lait est celui, non sevré, qui n'a encore jamais connu l'herbe du pâturage. Sa chair est extrêmement tendre et délicate, quoique un peu fade.

C'est à Pauillac que, depuis des lustres, on élève les plus fameux agnelets.

Quelques-unes des nombreuses découpes de mouton que l'on trouve dans le commerce :

En haut, à gauche : épaule (cuisse avant, le gigot étant la cuisse arrière)
En haut, au centre : haut de côtes
En haut, à droite : selle (fessier)
Au centre, à gauche : collier
Au centre, à droite : côtes de filet
En bas, à gauche : côtes premières
En bas, au centre : merguez
En bas, à droite : cervelle

GIGOT DE PRÉ-SALÉ

pour 8 personnes

Cette recette de vieille tradition se déguste avec des haricots blancs légèrement crémés.

4	**gousses d'ail**
1	**gigot de pré-salé de 2 kg**
2	**clous de girofle**
1	**oignon**
100 g	**de beurre**
1 c	**de sel**
½ c	**de poivre blanc**
1	**bouquet garni**

■ Préchauffez le four à 210°.
■ Découpez chaque gousse d'ail en quatre et piquez-en le gigot, c'est-à-dire qu'à l'aide d'un couteau pointu, vous incisez la chair et glissez l'ail sous la peau.
■ Plantez les clous de girofle dans l'oignon pelé.
■ Malaxez le beurre pour le ramollir.
■ Tartinez le gigot avec le beurre, sur toutes ses faces.
■ Salez-le et poivrez-le très régulièrement.
■ Arrangez le gigot dans un plat allant au four.
■ Déposez l'oignon et le bouquet garni à côté, ils serviront à aromatiser le jus de cuisson.
■ Enfournez pour 45 min environ. Vérifiez la cuisson. Si vous préférez le gigot un peu cuit, prolongez-la de quelques minutes.
■ Arrosez souvent le gigot durant toute la cuisson, au besoin en rajoutant un peu d'eau chaude.
■ Découpez le gigot, dressez-le sur un plat chaud.
■ Filtrez le jus de cuisson et proposez-le dans une saucière à deux sorties, l'une pour le maigre, l'autre pour le gras.
■ Selon votre goût, vous pouvez parsemer la viande de thym frais haché finement.

SELLE D'AGNEAU FARCIE

pour 6 personnes

La selle est un délicieux morceau situé au-dessus des gigots. Elle se prête bien à être farcie. Mais vous pourrez, avec autant de bonheur, réaliser cette recette avec une épaule désossée.

■ Choisissez une selle d'environ 800 g. Préparez 300 g de farce de tomates (chair à saucisse, échalote, ail, persil, mie de pain trempée et assaisonnements). Ces farces à tomates se trouvent maintenant tout prêtes en hypermarchés.

■ Ouvrez la selle en deux avec un couteau. Aplatissez-la avec le plat d'un gros couteau.

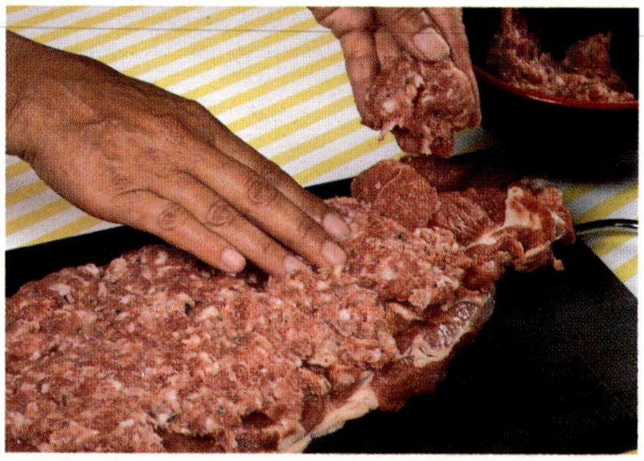

■ Étalez la farce sur la viande en une couche régulière.

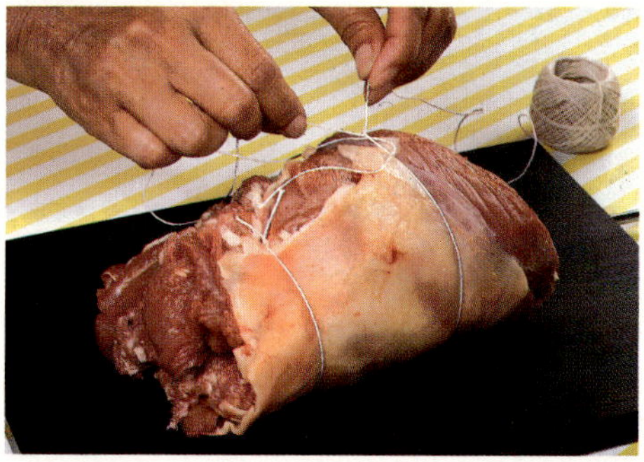

■ Roulez la selle et ficelez-la avec de la ficelle de cuisine.

■ Huilez légèrement la selle farcie.
■ Salez-la et poivrez-la légèrement.
■ Mettez-la dans un plat allant au four.

■ Dans le four préchauffé à 210°, placez la selle.
■ Faites-la cuire 45 min en l'arrosant souvent.

■ Laissez-la reposer 5 min avant de la trancher.
■ Ce plat se déguste avec des haricots verts ou des fèves fraîches.

NAVARIN DE MOUTON

pour 6 personnes

Une recette éternelle de plus en plus simple à réaliser dans la mesure où l'on trouve maintenant les viandes tout découpées et les légumes épluchés.

60 g	**de beurre**
100 g	**d'oignons pelés**
1,2 kg	**de mouton (collier)**
600 g	**de navets épluchés**
40 g	**de farine**
50 cl	**de bouillon assaisonné**
1	**bouquet garni**
6	**gousses d'ail**
400 g	**de pommes de terre épluchées**

■ Faites fondre le beurre dans une cocotte.

■ Quand il est bien chaud, faites revenir dedans les oignons émincés, le mouton et les navets.

■ Quand tout est bien doré, saupoudrez avec la farine. Faites un roux.

■ Versez le bouillon chauffé par ailleurs.

■ Rectifiez l'assaisonnement en sel et poivre et mettez le bouquet garni et les gousses d'ail non épluchées.

■ Laissez cuire doucement à couvert pendant 1 h.

■ Ajoutez alors les pommes de terre et laissez cuire à nouveau 1 h, tout doucement.

■ Découvrez la cocotte 10 min avant la fin de la cuisson pour réduire un peu la sauce.

■ Retirez le bouquet garni et dégustez aussitôt.

LES BROCHETTES D'AGNEAU

C'est assurément l'agneau qui fournit la meilleure viande pour brochettes et plus particulièrement, le gigot et l'épaule.

■ Découpez la viande en cubes de 3 cm de côté.

■ Faites mariner ces morceaux pendant 2 h dans un mélange d'huile d'olive, de jus de citron, de sel, de poivre, d'ail haché et de thym frais.

■ Piquez les cubes d'agneau marinés sur des brochettes en bois ou en métal.

■ Intercalez, selon votre goût, des lamelles de poivron, des rondelles d'oignon et des tronçons de saucisse ou de merguez. Évitez la tomate qui se liquéfie et humidifie la viande voisine, l'empêchant de griller correctement.

■ Au barbecue ou sur un gril de cuisinière, faites cuire les brochettes 6 min en les faisant pivoter d'un quart de tour toutes les minutes et en les arrosant de quelques gouttes de marinade.

■ Salez et arrosez d'un filet de citron au moment de déguster avec une salade ou un plat de riz (il existe une multitude de riz précuits dans les rayons des hypermarchés : riz à l'indienne, à l'espagnole, à l'italienne, à la créole, que sais-je encore ?).

■ En variant les éléments de la marinade, les aromates, les épices et les légumes intercalés entre les morceaux de viande, vous obtiendrez différentes sortes de brochettes succulentes.

■ Rien ne vous empêche d'ajouter également les abats de l'agneau, rognons ou foie.

Note : Évitez cependant le mélange des viandes sur une même brochette car les temps de cuisson sont souvent incompatibles et quand l'une sera à point, l'autre sera trop cuite ou encore crue. Pour une partie de brochettes, confectionnez plutôt des brochettes d'agneau, des brochettes de bœuf et des brochettes de porc séparées.

CERVELLES D'AGNEAU, SAUCE GRIBICHE

pour 2 personnes

Une entrée raffinée et économique!

4	**cervelles d'agneau**
20 g	**de beurre**

pour la sauce

1	**œuf dur**
1 c	**de moutarde**
2	**pincées de sel**
1	**pincée de poivre**
3 C	**d'huile**
3 C	**de vinaigre de xérès**
1 c	**de câpres**
2	**cornichons**
1 c	**d'estragon haché**
1 C	**de persil haché**

■ Faites tremper les cervelles dans l'eau froide pendant 1 h.

■ Épluchez-les et retirez toutes les parties sanguines. Égouttez-les bien.

■ Faites fondre le beurre dans une poêle.

■ Faites dorer les cervelles sur toutes leurs faces. La cuisson durera environ 10 min.

■ Pendant ce temps, préparez la sauce gribiche. Pour cela, malaxez l'œuf avec la moutarde.

■ Salez, poivrez. Ajoutez l'huile puis le vinaigre.

■ Incorporez enfin les câpres et les cornichons hachés, ainsi que l'estragon et le persil.

■ Nappez les cervelles chaudes de cette sauce froide au goût puissant.

LE PORC

« Tout est bon, dans le cochon! »

Ce vieux dicton exprime une vérité quasiment absolue puisque, en effet, tout ou presque se mange dans cet animal complaisant.

Il faut distinguer deux aspects dans la viande de porc : ce qui relève de la boucherie et ce qui appartient à la charcuterie.

Jambons, saucissons, saucisses, pâtés, terrines, sont autant de préparations élaborées à partir du cochon. Ce qui les différencie du porc de boucherie, c'est qu'on peut les consommer telles quelles puisqu'un spécialiste, le charcutier, les a déjà traitées ou cuisinées.

C'est donc essentiellement au porc à cuire, par nos soins, que sont consacrées les pages qui viennent.

Viande un peu plus grasse que les autres, celle du cochon est aussi la moins chère, ce qui la rend très intéressante du point de vue culinaire, d'autant qu'elle se présente sous des aspects très variés et permet des préparations délicieuses et nourrissantes.

La viande de porc de belle provenance se reconnaît à sa chair ferme et rose, dépourvue de trace d'humidité. Une viande poisseuse dénonce une bête de qualité médiocre. Une chair trop rouge indique que l'animal était vieux lors de son abattage.

Principales découpes du porc

En haut, à gauche : jambonneau
En haut, au centre : jarret
En haut, à droite : chair à saucisse
Au centre, à gauche : travers de porc
Au milieu : lard de poitrine
Au centre, à droite : grillades de porc
En bas, à gauche : lardons fumés
En bas, au centre : lard en fines tranches

Signalons encore les côtes (comparables à celles du veau) et le filet mignon (plus petit que celui du bœuf), qui ne figurent pas sur la photo.

TRAVERS DE PORC CONFITS

pour 6 personnes

2	bandes de travers de porc de 12 côtes chacune
1 c	de thym citron
1 C	d'huile d'olive
1	poivron rouge
1	poivron vert
3 C	de vinaigre
3 C	de sauce soja
6 C	de coulis de tomate
3 C	de sucre en poudre
3	gousses d'ail hachées
100 g	de carottes râpées finement
3	pincées de sel
1	pincée de poivre de Cayenne
3	pincées de gingembre en poudre
1 C	de ciboulette hachée

■ Préchauffez le four à 210°.

■ Frottez les travers avec le thym citron.

■ Huilez-les légèrement. Mettez-les sur la grille du four et faites-les rôtir 15 min.

■ Pendant ce temps, découpez les poivrons en lanières.

■ Dans une cocotte, versez le vinaigre, le soja, le coulis de tomate et le sucre en poudre.

■ Mélangez et ajoutez l'ail, les carottes râpées, les lanières de poivron.

■ Salez, poivrez et saupoudrez de gingembre. Mettez de côté sans chauffer.

■ Découpez les travers de porc entre chaque os. Récupérez le jus qui s'écoule et versez-le dans la cocotte.

■ Ajoutez également les travers découpés dans la cocotte et mettez sur feu assez vif.

■ Couvrez et laissez cuire 15 min.

■ Découvrez et faites encore cuire 10 min, à feu vif, pour réduire la sauce. Elle doit prendre un aspect lustré, presque caramélisé.

■ Garnissez de ciboulette.

LES CÔTES DE PORC

pour 4 personnes

20 g	**de beurre**
4	**côtes de porc de 150 à 175 g pièce**
3	**pincées de sel**
2	**pincées de poivre**

■ Faites fondre le beurre dans une poêle.
■ Quand il est bien chaud, mettez les côtes.
■ Faites-les dorer 5 min de chaque côté à feu vif.
■ Salez et poivrez.
■ Couvrez la poêle.
■ Réduisez à feu très doux et achevez la cuisson pendant 10 min.

Côtes de porc aux pommes en l'air

■ Pour 4 personnes, préparez les côtes comme indiqué plus haut.
■ Pendant ce temps, faites dorer à la poêle 100 g d'oignons finement émincés.
■ Incorporez-les à 400 g de compote de pomme (se trouve toute prête en boîte). Faites chauffer.
■ Assaisonnez ce mélange de sel, de poivre et d'une pincée de cannelle.
■ Servez les côtes de porc avec cette compote en accompagnement.

Côtes de porc à l'orange

■ Pour 4 personnes, préparez les côtes comme indiqué plus haut.
■ Pendant ce temps, tranchez 4 petites oranges.
■ Dans une poêle, mettez ces tranches d'oranges et le jus qui s'est écoulé.
■ Ajoutez 1 C de porto, 1 C de miel et 2 C de jus de tomate.
■ Salez, poivrez et laissez réduire jusqu'à consistance sirupeuse de la sauce.
■ Nappez sur les côtes de porc.

Côtes de porc au vermouth

■ Pour 4 personnes, préparez les côtes comme indiqué plus haut.
■ En fin de cuisson, retirez les côtes. Réservez-les au chaud.
■ Déglacez la poêle avec 10 cl de vermouth (le meilleur en cuisine étant le Noilly Prat).
■ Ajoutez le jus de ½ citron et 10 cl de crème.
■ Laissez réduire à feu vif. Rectifiez l'assaisonnement et remettez les côtes 3 min dans la sauce pour les réchauffer.

FILET DE PORC AU VINAIGRE

pour 6 personnes

Cet excellent plat de porc au vinaigre ne doit pas être confondu avec une recette aigre-douce, car il ne comporte pas de sucre. Les « becs sucrés » pourront toujours en rajouter un peu.

600 g	**de filet de porc (filet mignon)**
2	**poivrons rouges**
1	**petit concombre**
2	**branches de céleri**
2	**oignons**
4	**gousses d'ail**
3 C	**d'huile**
1 C	**de farine**
5 cl	**de vinaigre**
5 cl	**d'eau**
10 cl	**de jus de tomate**
100 g	**de carottes râpées**
6	**pincées de sel**
2	**pincées de poivre de Cayenne**

- Détaillez le filet de porc en petits médaillons (rondelles de 1 cm d'épaisseur).
- Coupez les poivrons en lanières.
- Émincez le concombre en tranches fines, de même que le céleri et les oignons.
- Hachez les gousses d'ail.
- Dans une cocotte, faites chauffer l'huile.
- Faites revenir les médaillons de porc en remuant jusqu'à ce qu'ils soient bien dorés.
- Saupoudrez avec la farine.
- Versez le vinaigre, l'eau et le jus de tomate.
- Remuez et ajoutez le poivron, le céleri, le concombre, les carottes, l'ail et l'oignon.
- Salez et poivrez au Cayenne.
- Couvrez et laissez cuire 30 min à feu doux.
- Découvrez 5 min avant la fin de la cuisson en montant le feu pour réduire un peu la sauce.

RÔTI DE PORC AU LAIT

pour 6 personnes

E*n ajoutant une pomme râpée, 10 cl de lait de coco et 1 C de curry en poudre, on réalise sur le même principe un succulent « rôti de porc à l'indienne ».*

1,2 kg	**de rôti de porc**
4	**échalotes**
4	**oignons**
50 cl	**de lait**
½ c	**de sel**
¼ c	**de poivre**

- Dans une poêle antiadhésive bien chaude, faites dorer, sans matière grasse, le rôti de porc pendant 10 min.
- Mettez-le dans une cocotte, avec la graisse qu'il a rendue.
- Ajoutez les échalotes et les oignons très finement émincés. Laissez-les dorer 5 min dans le gras du rôti.
- Versez le lait.
- Salez et poivrez.
- Couvrez la cocotte et faites cuire 1 h.
- 20 min avant la fin de la cuisson, découvrez la cocotte pour faire réduire la sauce.
- Servez le rôti nappé de sa sauce dont la saveur est aussi subtile que la recette est simple.

JAMBON LAQUÉ À L'ABRICOT

pour 8 personnes

*U**n plat aussi simple à réaliser que beau à voir, appétissant à humer et délicieux à déguster!*

Choisissez un beau morceau de jambon cuit, de forme régulière.

Dans un bol, mélangez le jus d'abricot, le miel, la sauce soja, le jus de citron, la sauce tabasco et le sel.

1,5 kg	**de jambon cuit**
35 cl	**de jus d'abricot**
10 cl	**de miel**
6 C	**de sauce soja**
1½ C	**de jus de citron**
8	**traits de sauce tabasco**
	sel
8	**abricots frais ou en boîte coupés en deux et dénoyautés (facultatif)**

- Choisissez un beau morceau de jambon cuit, de forme régulière.
- Préchauffez le four à 190°.
- Dans un bol, mélangez le jus d'abricot, le miel, la sauce soja, le jus de citron, la sauce tabasco et le sel. Fouettez jusqu'à complète dissolution du miel.
- Mettez le jambon dans une lèchefrite. À l'aide d'un pinceau, badigeonnez-le de sauce.
- Enfournez environ 1 h. Badigeonnez de sauce à toutes les 10 min. Ajoutez les abricots pour les 20 dernières minutes de cuisson.
- Apportez ce jambon laqué à table et découpez-le devant vos convives.

FRICASSÉE DE PORC EN CIVET

pour 6 personnes

Pour confectionner cette recette, choisissez un morceau de porc taillé dans la pointe ou le carré.

La qualité du vin conditionnera son succès. Il le faut corsé et capiteux. Les vins rouges trop acides donnent des sauces aigrelettes et qui manquent d'onctuosité.

■ Découpez 1,2kg de porc en morceaux de 5 cm de côté.

■ Mettez ces morceaux de porc à mariner dans une marinade composée de :

½	**bouteille de vin blanc sec**
4 C	**d'huile**
2	**oignons émincés**
1 C	**de thym haché**
2	**feuilles de laurier**
2	**gousses d'ail hachées**
1 c	**de sel**
1 C	**de grains de poivres mélangés**

■ Pour un bon marinage, comptez 12 h.

■ Passé ce temps, égouttez les morceaux.

■ Faites les sauter à feu vif dans 50 g de beurre.

■ Quand ils sont bien dorés, saupoudrez-les avec 1 C de farine.

■ Versez 20 cl de vin rouge corsé et 5 cl de marinade filtrée. Salez et poivrez.

■ Couvrez et laissez mijoter 1 h 30.

■ Ajoutez 10 cl de crème.

■ Découvrez et laissez encore cuire 15 min à feu doux pour réduire la sauce. Rectifiez l'assaisonnement.

■ Dressez sur un plat chaud et servez la fricassée parsemée de persil frais avec des croûtons*.

Note : Certains croûtons parfumés au bacon rehausseront encore la saveur puissante de ce plat.

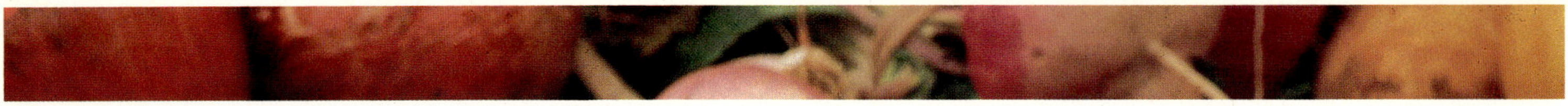

LES POTÉES

Voici sans doute l'une des recettes les plus répandues en France et, en tous cas, celle qui connaît le plus de variantes.

Deux éléments se retrouvent pourtant dans toutes les potées : le porc et le chou. En règle générale, une potée combine habilement le porc salé et le porc fumé.

Technique de base

- Faites déssaler les viandes salées dans de l'eau.
- Mettez toutes les viandes dans de l'eau froide.
- Portez doucement à ébullition.
- Lorsque l'ébullition est prise, ajoutez les légumes, à l'exception des pommes de terre. Assaisonnez.
- Laissez cuire 1 h 30 à petit frémissement.
- Ajoutez les pommes de terre et laissez encore cuire 45 min.
- Égouttez les viandes et les légumes et servez-les bien chauds. Le bouillon servira à préparer une soupe.

Potée auvergnate

pour 6 à 8 personnes

1	**jarret de porc**
½	**tête de porc roulée**
300 g	**de lard maigre**
6	**saucisses**
500 g	**de carottes**
300 g	**de navets**
1	**chou coupé en 4**
500 g	**de pommes de terre**
200 g	**de haricots blancs**

- Procédez comme indiqué ci-dessus.

Potée bourguignonne

pour 6 à 8 personnes

1 kg	**de petit salé**
1	**jambonneau salé**
400 g	**de lard salé**
1	**chou frisé**
500 g	**de carottes**
300 g	**de navets**
4	**poireaux**
200 g	**de haricots verts**
8	**pommes de terre**

- Procédez comme indiqué ci-dessus.
- Ne mettez les haricots verts que 15 min avant la fin de la cuisson.

Potée bretonne

pour 6 à 8 personnes

1 kg	**de poitrine salée**
½	**tête de porc demi-sel**
1	**saucisson à l'ail**
2	**petits choux blancs**
4	**poireaux**
1	**rutabaga**
1	**grosse betterave rouge**
5	**carottes**
3	**navets**
6	**pommes de terre**

- Procédez comme indiqué ci-dessus.

Potée printanière

pour 6 à 8 personnes

1	**jambonneau**
1	**jarret**
2	**queues de porc**
500 g	**de lard de poitrine**
1	**botte de carottes nouvelles**
1	**botte de navets nouveaux**
2	**choux nouveaux**
500 g	**de fèves fraîches**
250 g	**de haricots verts**

- Procédez comme indiqué ci-dessus.
- Comme il s'agit de légumes nouveaux, ne cuisez que
- 30 min les choux et les carottes ;
- 20 min les navets et les fèves ;
- 15 min les haricots verts.

Potée savoyarde

pour 6 à 8 personnes

1	**jarret de porc**
500 g	**de poitrine maigre**
300 g	**de lard fumé**
8	**diots (saucisses savoyardes)**
1	**gros chou frisé**
400 g	**de carottes**
400 g	**de pommes de terre**
200 g	**de chataîgnes**
200 g	**de navets**
2	**gros oignons piqués de clous de girofle**

- Procédez comme indiqué ci-dessus.

PETIT SALÉ AUX LENTILLES

Dans certaines régions, pour accompagner le porc, le chou cède la place aux lentilles.

Si le plat-de-côtes est le morceau traditionnel d'un petit salé, saucisses, lard, jambonneau et jarret l'accompagnent souvent.

- Procédez comme pour une potée au chou (voir page précédente) pour ce qui est des viandes.
- Avec les viandes, pour seuls légumes, mettez des carottes et des oignons.
- Rincez les lentilles.
- Mettez-les dans une cocotte et couvrez-les d'eau froide. Portez à ébullition et laissez frémir 20 min.
- Dans une autre cocotte, sur feu doux, faites fondre 50 g de beurre.
- Faites blondir un oignon émincé finement.
- Ajoutez les lentilles égouttées.
- Couvrez les lentilles avec du bouillon de cuisson des viandes. Rectifiez l'assaisonnement.
- Laissez cuire 20 nouvelles minutes.
- Arrangez-vous pour que la fin de la cuisson des lentilles coïncide avec celle des viandes.
- Égouttez les lentilles. Mettez-les dans un plat chaud et dresser les viandes dessus.
- Dégustez aussitôt ce magnifique plat d'hiver.

BOULETTES DE PORC

Ce sont de succulentes petites boulettes qui se préparent le plus simplement du monde.

Vous les servirez à l'apéritif, avec des brochettes en bois et un assortiment d'épices pour les tremper dedans.

Vous pourrez également les faire réchauffer dans une sauce tomate et les servir en plat avec du riz.

pour 12 boulettes, comptez :

300 g	de chair à saucisse
2	tranches de jambon
50 g	de carottes râpées
50 g	de céleri-rave râpé
50 g	de vert de poireau en julienne
2 C	de persil haché
1	échalote émincée
1 C	de concentré de tomate
1 C	de moutarde
1	œuf, plus 1 jaune
4	pincées de sel
3	pincées de poivre

■ Passez le tout au robot ménager.

■ Sur une planche farinée, formez des boulettes de la taille d'une balle de golf.

■ Faites cuire 15 min dans une poêle antiadhésive, sans adjonction de matière grasse et en remuant souvent.

■ Dégustez chaudes ou froides ces délicieuses boulettes.

TARTE À LA VIANDE

pour 8 personnes

La même tarte à la viande peut se cuire beaucoup plus vite (35 min à 240°), si l'on est pressé. Mais le résultat ne sera pas tout à fait aussi savoureux.

250 g	**de filet de porc**
4	**tranches de jambon blanc**
250 g	**d'escalope de veau**
150 g	**de lard frais**
½	**bouteille de vin blanc sec**
2 C	**de persil haché**
1 C	**d'estragon haché**
1 C	**de ciboulette hachée**
4	**échalotes**
4	**gousses d'ail**
½ c	**de sel**
¼ c	**de poivre**
500 g	**de pâte feuilletée (fraîche ou surgelée)**
50 g	**de beurre**
200 g	**de crème fraîche**
3	**œufs**

- La veille, tranchez le filet de porc, le jambon, l'escalope et le lard en fines lanières.
- Mettez-les à mariner 24 h dans le vin blanc avec les herbes, les échalotes et l'ail hachés, le sel et le poivre.
- Le lendemain, étalez la moitié de la pâte dans un moule à tarte beurré.
- Faites revenir quelques minutes les viandes égouttées dans le beurre.
- Filtrez la marinade. Éliminez le jus, mais récupérez le hachis d'herbes et d'aromates.
- Incorporez-le aux viandes sautées. Mélangez.
- Versez cette préparation dans le plat à tarte.
- Battez la crème avec 2 œufs.
- Versez par-dessus la viande.
- Préchauffez le four à 180°.
- Couvrez le plat à tarte avec le reste de la pâte. Soudez bien les bords.
- Faites un trou au milieu de la pâte pour laisser s'échapper la vapeur.
- Dorez la pâte avec l'œuf restant battu.
- Enfournez pour 1 h 30.
- Si la pâte semble brunir à l'excès, couvrez la tarte d'une feuille de papier sulfurisé et réduisez le four à 170°.

ANDOUILLETTES AU VIN BLANC

pour 4 personnes

Rehaussez encore la saveur de ce plat d'un tour de moulin à poivre.

4	**andouillettes**
2 C	**de moutarde forte**
2	**échalotes**
25 cl	**d'un très bon vin blanc sec (Chablis, par exemple)**
	moulin à poivre

- Préchauffez le four 20 min à 210°.
- Tartinez les andouillettes de moutarde.
- Rangez-les dans un plat allant au four.
- Parsemez avec les échalotes hachées.
- Arrosez avec le vin blanc.
- Enfournez pour 35 min.
- En fin de cuisson, le vin blanc doit avoir été absorbé et les andouillettes être très moelleuses.

LA GRANDE FONDUE CHINOISE

pour 8 personnes

Un plat de grand prestige

Notre fondue bourguignonne n'a pas encore fêté ses cinquante ans alors que la fondue chinoise est plusieurs fois séculaire ! En effet, à l'instar des pâtes que l'on croit souvent italiennes ou de la choucroute que l'on présume alsacienne, la fondue n'est ni originaire de France, ni de Suisse, mais bien chinoise.

Plat réservé, en Asie, à certaines cérémonies, la fondue chinoise ne se fait pas à l'huile, mais avec un bouillon. On y propose un large choix de viandes et de légumes. Évidemment, les fourchettes ne sont pas de mise, mais plutôt les baguettes et de petites passoires.

50 g	**de champignons noirs séchés**
250 g	**de filet d'agneau**
250 g	**d'escalope de veau**
250 g	**de romsteck (bœuf)**
250 g	**de grillade de porc**
250 g	**de rognons de porc**
150 g	**de nouilles chinoises de blé**
150 g	**de nouilles de riz**
150 g	**de céleri en branches**
400 g	**de germes de soja**

■ Faites tremper 2 h les champignons noirs. Égouttez-les et mettez-les dans un bol.

■ Tranchez toutes les viandes en fines lamelles.

■ Disposez-les sur des assiettes et tenez-les au frais jusqu'au moment du repas.

■ Faites cuire les nouilles de blé 2 min à l'eau bouillante salée. Égouttez-les. Mettez-les dans un bol.

■ Faites cuire les nouilles de riz 1 min à l'eau bouillante salée. Égouttez-les. Mettez-les dans un bol.

■ Émincez les branches de céleri. Mettez-les dans un bol.

■ Lavez le soja et mettez-le dans un bol.

Les sauces

20 cl	**de ketchup**
3 C	**de sauce soja**
3	**pincées de poivre de Cayenne**
2 C	**de sucre**
1 c	**de fécule de maïs**

■ Mélangez tous les ingrédients. Faites chauffer 5 min. Laissez refroidir et versez dans 4 coupelles.

10 cl	**de nuoc-mâm**
10 cl	**d'eau**
1 C	**de vinaigre blanc**
1 C	**de sucre**
50 g	**de carottes râpées**
2	**piments secs écrasés**
2	**pincées de gingembre en poudre**

■ Mélangez tous les ingrédients. Répartissez dans 4 coupelles.

■ Ne préparez pas cette sauce plus de 2 h avant le repas car elle deviendrait un peu forte.

■ Ces coupelles de sauce sont à intercaler entre chaque convive. De cette façon, tout le monde aura la sauce au ketchup d'un côté et celle au nuoc-mâm de l'autre.

LE BOUILLON DE LA FONDUE CHINOISE

3 L	**de bouillon de poule léger**
10 cl	**de sauce soja**
5 cl	**de vinaigre blanc**
½ c	**de poivre**
1 c	**de sel**
4	**pincées de gingembre en poudre**
1 c	**d'ail haché**
1 C	**de ciboulette hachée**

■ Mélangez tous les ingrédients dans une grande casserole.

■ Au moment du repas, portez ce bouillon à ébullition.

■ Versez-en dans le poêlon à fondue, pas plus que la mi-hauteur.

■ Vous en rajouterez au fur et à mesure qu'il s'évaporera et que les convives en consommeront.

■ Ne relevez pas trop ce bouillon au départ car il va se concentrer tout au long du repas.

Le matériel

Inutile de posséder cette superbe et authentique marmite à feu chinoise (voir photo) pour réaliser cette recette.

Un matériel classique à fondue, réchaud et poêlon, fera l'affaire.

Proposez des baguettes à ceux qui savent s'en servir et donnez des fourchettes à fondue aux autres.

Des petites passoires seront également utiles pour cuire plusieurs viandes et des légumes en même temps.

Chacun cuira les ingrédients de son choix puis les trempera dans une sauce.

TABLEAU GÉNÉRAL DES TEMPS DE CUISSON DES VIANDES

	Poids	Bleu	Saignant	À point	Bien cuit
Bœuf					
en grillade	200 g	2 min	3 min	4 min	5 min
	400 g	3 min	4 min 30	7 min	9 min
en ragoût					1 h 30
en rôti au four	par 500 g		8 min	12 min	
Veau					
en grillade	150 g			10 min	
en cocotte	par 500 g			30 min	
en rôti au four	par 500 g			25 min	
rognons	300 g		12 min	15 min	
ris de veau	300 g			25 min	
foie	200 g	8 min	10 min	15 min	
Lapin (1,5 kg)				25 min	
Mouton / agneau					
en grillade	150 g		7 min	9 min	12 min
au four	par 500 g		12 min	15 min	
Porc					
en grillade	200 g			18 min	22 min
au four	par 500 g			25 min	30 min

LES PLATS D'ACCOMPAGNEMENT

POMMES DE TERRE CONFITES

pour 4 personnes

Voici un accompagnement très facile à préparer, mais qui donne un caractère soigné et raffiné au repas le plus simple!

Pelez les pommes de terre en laissant deux calottes de peau aux extrémités.

Écrasez le beurre avec l'ail, le persil et l'estragon hachés. Poivrez, salez et malaxez.

16	**petites pommes de terre nouvelles**
6 C	**de beurre**
4 c	**d'ail haché**
4 c	**d'estragon haché**
2 C	**de persil haché**
1 c	**de poivre**
½ c	**de sel**

■ Pelez les pommes de terre nouvelles en laissant deux calottes de peau aux extrémités, pour la décoration.

■ Mettez-les en casserole, couvrez-les d'eau, si possible déjà chaude.

■ Couvrez la casserole, portez à ébullition et cuisez jusqu'à ce que les pommes de terre soient légèrement croquantes.

■ Pendant ce temps, maniez le beurre avec l'ail, l'estragon et le persil hachés. Poivrez, salez et malaxez jusqu'à l'obtention d'une pommade homogène.

■ Quand les pommes de terre sont cuites, égouttez-les, puis remettez-les en casserole avec le beurre aux herbes.

■ Dès que le beurre est fondu, faites cuire pour 5 min. Remuez à plusieurs reprises durant la cuisson.

■ Servez aussitôt ces pommes de terre confites au beurre en accompagnement d'un poisson grillé, poché ou à la vapeur.

POIVRONS À LA FARCE LÉGÈRE

pour 2 personnes

Assurez-vous que les poivrons verts sont bien en équilibre. Au besoin, calez-les dans un lit de gros sel.

Choisissez des poivrons bien réguliers et d'une grande fraîcheur. (La forme des poivrons rouges ou jaunes n'a pas d'importance, puisqu'ils servent à confectionner la farce.)

Découpez grossièrement les poivrons rouges ou jaunes et faites tremper la mie de pain dans du lait.

Garnissez les poivrons verts de farce.

2	**poivrons verts de taille moyenne**
2	**poivrons rouges ou jaunes de taille moyenne**
75 g	**de mie de pain trempée dans du lait**
60 g	**de chair à saucisses**
2 c	**de crème à fouetter**
1 C	**de persil haché**
2 c	**de basilic haché**
1 c	**d'ail haché**
2 c	**de jus de citron**
½ c	**de poivre**
¼ c	**de sel**

- Préchauffez le four à 190°.
- Découpez grossièrement les poivrons rouges ou jaunes. Épépinez-les et enlevez les côtes blanches et la queue.
- Mettez la mie de pain à tremper dans un peu de lait.
- Passez au robot ménager les morceaux de poivrons rouges ou jaunes, la chair à saucisses, la mie de pain trempée, la crème, le persil, le basilic et l'ail hachés, le jus de citron, le poivre et le sel jusqu'à l'obtention d'une farce assez fine.
- Décalottez les poivrons verts. Épépinez-les, blanchissez-les 4 min dans de l'eau bouillante légèrement salée. Laissez égoutter, puis garnissez-les de farce. Replacez la partie supérieure en guise de chapeau.
- Disposez les poivrons dans un plat allant au four, recouvrez de papier d'aluminium et enfournez environ 20 min. Pour une coloration accrue, découvrez à la mi-cuisson.

TOMATES FARCIES AU RIZ

pour 8 personnes

8	grosses tomates
400 g	de riz cuit, refroidi
1 c	de basilic
	sel
	poivre
2 C	de ciboulette hachée
3 C	de jus de citron
6 cl	d'huile
150 g	de gruyère râpé

■ Préchauffez le four à 200°.

■ Coupez le dessus des tomates et videz-les de leur pulpe avec une cuiller, sans briser la peau.

■ Farcissez les tomates de ce mélange.

■ Mélangez le riz avec les assaisonnements, la pulpe de tomate, le jus de citron et l'huile.

■ Parsemez de fromage et enfournez 20 min.

CHOUX DE BRUXELLES BONNE FEMME

pour 4 personnes

500 g	**de choux de Bruxelles**
100 g	**de bacon**
1 C	**de farine**
25 cl	**de bouillon de poule**
75 g	**d'oignons, coupés en petits dés**

■ Préparez les choux de Bruxelles. Blanchissez-les 10 à 12 min dans de l'eau bouillante salée.

■ Découpez le bacon en dés. Faites-le frire jusqu'à ce qu'il soit tendre. Ne gardez que 1 C de graisse au fond de la poêle.

■ Saupoudrez de farine et faites cuire 2 min. Ajoutez le bouillon de poule, les oignons et les choux de Bruxelles blanchis.

■ Réduisez le feu et laissez mijoter à feu doux jusqu'à épaississement.

■ Servez bien chaud.

GRATIN D'ARTICHAUTS

pour 6 personnes

6	**artichauts**
50 cl	**de sauce Mornay**
	sel
	poivre
75 g	**de parmesan râpé**
30 g	**de beurre**

■ Préchauffez le four à 180°.
■ Enlevez le fond des artichauts et les feuilles extérieures. Faites bouillir les artichauts dans de l'eau salée jusqu'à ce qu'ils soient tendres.
■ Disposez les artichauts dans une cocotte. Couvrez de sauce Mornay (voir page 85), salez et poivrez.
■ Parsemez de parmesan râpé, puis de noisettes de beurre.
■ Faites gratiner au four et dégustez de suite.

ASPERGES À LA BÉARNAISE

pour 4 personnes

1	**botte d'asperges**
1 L	**d'eau**
	sel
25 cl	**de sauce béarnaise**

■ Faites cuire les asperges « al dente » dans de l'eau bouillante salée. Égouttez-les bien.
■ Disposez les asperges sur un plat de service.
■ Nappez de sauce béarnaise (voir page 83).
■ Enfournez, sous le gril, pendant 30 secondes.
■ Savourez bien vite.

RIZ AUX DEUX POIVRONS

pour 6 à 8 personnes

	beurre
3	**poivrons verts émincés**
1	**poivron rouge émincé**
	huile d'olive
400 g	**de riz**
2	**oignons hachés**
3 C	**de persil haché**
2	**gousses d'ail hachées**
	poivre de Cayenne
	sel
	bouillon de poule

■ Dans du beurre, faites sauter les poivrons. Réservez.

■ Faites chauffer l'huile d'olive. Versez-y le riz, les oignons, le persil et l'ail. Faites dorer et ajoutez les poivrons. Remuez.

■ Assaisonnez de poivre de Cayenne et de sel. Mouillez légèrement de bouillon de poule et faites cuire à feu doux pendant environ 20 min.

GRATIN DE RIZ AU BROCOLI

pour 6 personnes

600 g	**de brocoli**
25 cl	**de béchamel**
600 g	**de riz cuit**
200 g	**de fromage râpé**
2 C	**de chapelure**

■ Préchauffez le four à 150°.

■ Faites cuire le brocoli « al dente » dans de l'eau bouillante salée, soit environ 5 min. Égouttez. Réservez.

■ Mélangez la sauce béchamel, le riz et le fromage. Incorporez les brocolis.

■ Versez dans un moule de 20 x 20 cm beurré et allant au four.

■ Parsemez de chapelure et enfournez 35 à 45 min.

CURRY DE RIZ À L'INDIENNE

pour 8 personnes

30 g	**de beurre**
2	**oignons coupés en dés**
3	**branches de céleri coupées en dés**
	sel
2 C	**de poudre de curry**
2 L	**de bouillon de poule**
600 g	**de riz à grains longs**
200 g	**de raisins secs**
250 g	**de petits pois blanchis**
150 g	**d'amandes effilées et grillées**

■ Faites chauffer le beurre dans une casserole. Faites-y sauter les oignons et le céleri jusqu'à ce qu'ils soient tendres.

■ Ajoutez du sel et la poudre de curry ; faites sauter 2 min.

■ Ajoutez le bouillon de poule et portez à ébullition. Incorporez le riz, couvrez et laissez mijoter jusqu'à ce qu'il soit cuit, environ 20 min.

■ Égouttez, incorporez les raisins secs, les petits pois et les amandes.

■ Servez ce riz chaud ou froid, comme salade.

ÉPIS DE MAÏS À L'ANTILLAISE

pour 2 personnes

Avocat, piment, lime et rhum se combinent à merveille pour donner un petit goût de fête créole au maïs !

4	**maïs frais en épis**
6 C	**de chair d'avocat**
2 C	**de beurre**
1⁄4 c	**de piment pulvérisé**
2 c	**de jus de citron vert**
1⁄2 c	**de sel**
2 c	**de rhum (facultatif)**

- À défaut de maïs frais, vous pouvez utiliser du maïs congelé. Vous n'aurez guère à rallonger le temps de cuisson que d'une ou deux minutes.
- Si vous utilisez des épis de maïs frais, cuisez-les de préférence dans leur enveloppe.
- Dans une grande casserole, portez 3 litres d'eau à ébullition. Plongez-y les épis et laissez bouillir 15 min avec enveloppe, 10 min sans enveloppe.
- Pendant ce temps, préparez un beurre antillais en malaxant la chair d'avocat, le beurre, le piment, le sel, le jus de citron et le rhum. Travaillez bien le mélange pour obtenir une fine pommade. Réservez au frais jusqu'au moment de servir.
- Servez les épis, accompagnés de beurre antillais.

Si vous utilisez des épis de maïs frais, cuisez-les dans leur enveloppe.

Préparez un beurre antillais en malaxant la chair d'avocat, le beurre, le piment, le sel, le jus de citron vert et le rhum.

Travaillez ce beurre jusqu'à l'obtention d'une fine pommade.

TORTELLINI

pour 8 personnes

pour la pâte de base

1 kg	**de farine**
1/2 c	**de sel**
4	**œufs**
8 cl	**d'eau froide**

■ A petite vitesse, tamisez la farine et le sel dans le bol du robot ménager.
■ Ajoutez les œufs, un par un. Mélangez légèrement après chaque addition.
■ Incorporez lentement l'eau pour obtenir une pâte ferme. Pétrissez la pâte pendant 10 min. Divisez-la en trois.
■ Enveloppez la pâte dans un linge humide et laissez-la reposer durant au moins 30 min.

pour la farce

300 g	**de fromage ricotta**
100 g	**de fromage parmesan râpé**
2	**œufs**
1 C	**de persil haché**
1 c	**d'origan**
1 c	**de thym**
1 c	**de basilic**
	sel
	poivre concassé

■ Réduisez le ricotta en crème au robot ménager. Ajoutez le parmesan et les œufs, puis mélangez. Incorporez les assaisonnements.

■ Pour abaisser la pâte, déposez-la sur une surface légèrement farinée. Aplatissez-la avec le rouleau à pâte une première fois, droit devant vous. Tournez-la d'un quart de tour et recommencez l'opération.
■ Procédez ainsi jusqu'à ce que la pâte ait une épaisseur de 3 mm.

■ Découpez-la en cercles de 3 cm de diamètre et déposez 1 1/2 c du mélange au fromage sur chaque cercle.

■ Repliez en deux, soudez les bords et façonnez en tortellini.

■ Plongez les tortellini dans l'eau bouillante salée, pas trop à la fois. Sortez-les dès qu'ils remontent à la surface.
■ Servez avec une sauce tomate.

LINGUINE AU JAMBON CRU ET AU SAUMON FUMÉ

pour 8 personnes

500 g	**de pâtes (linguine ou tagliatelle)**
2 C	**de beurre**
1	**oignon coupé en petits dés**
125 g	**de jambon cru**
1	**verre à liqueur de porto**
500 g	**de tomates, pelées, épépinées et hachées**
	sel
	paprika
	poivre
125 g	**de saumon fumé**
15 cl	**de crème épaisse**

■ Faites cuire les pâtes « al dente » dans de l'eau bouillante salée.

■ Faites chauffer le beurre et faites-y sauter l'oignon. Découpez le jambon cru en tranches. Faites-le réchauffer.

■ Ajoutez le porto et les tomates ; laissez mijoter 15 min. Écrasez les tomates et ajoutez les assaisonnements.

■ Découpez le saumon en dés et additionnez-le à la sauce. Incorporez la crème. Mélangez les nouilles à la sauce et servez immédiatement.

TORTELLINI À LA MARINARA

pour 10 personnes

1 kg	**de tortellini**
750 g	**de moules**
500 g	**de crevettes**
1 C	**d'huile**
1	**gousse d'ail écrasée**
500 g	**de tomates pelées, épépinées et hachées fin**
2 C	**de concentré de tomate**
5 cl	**de porto**
100 g	**de parmesan râpé**

■ Faites cuire les tortellini pendant 10 min dans de l'eau salée bouillante, ou selon les indications.

■ Faites cuire les moules dans de l'eau bouillante salée jusqu'à ce qu'elles s'ouvrent. Égouttez et jetez celles qui ne sont pas ouvertes.

■ Détachez la chair et jetez les coquilles. Décortiquez et déveinez les crevettes.

■ Faites chauffer l'huile. Faites-y sauter l'ail. Ajoutez les tomates, le concentré de tomate et le porto.

■ Portez à ébullition et réduisez le feu. Laissez mijoter 20 min.

■ Incorporez les fruits de mer et poursuivez la cuisson 15 min de plus.

■ Versez la sauce sur les tortellini, parsemez de parmesan et servez.

POIVRONS FARCIS AUX NOUILLES

pour 6 personnes

350 g	**de macaroni**
6	**poivrons rouges ou verts**
2 C	**de beurre**
1 c	**de basilic**
150 g	**de mozzarella râpée**
100 g	**de parmesan râpé**

■ Faites cuire les macaroni « al dente » dans de l'eau bouillante salée. Égouttez et laissez refroidir.

■ Préchauffez le four à 180°.

■ Coupez le dessus des poivrons.

■ Hachez fin les calottes et faites-les sauter dans le beurre jusqu'à ce qu'elles soient tendres.

■ Ajoutez la sauce tomate et le basilic ; laissez mijoter 5 min.

■ Mélangez la sauce avec les nouilles. Entassez bien les nouilles dans les poivrons.

■ Parsemez de mozzarella et de parmesan. Couvrez de papier d'aluminium sans serrer.

■ Faites cuire au four 25 min ou jusqu'à ce que les poivrons soient tendres. Servez immédiatement.

PÂTES FRAÎCHES AUX MOULES

pour 6 à 8 personnes

2 kg	**de moules**
15 cl	**de vin blanc sec**
50 g	**d'échalotes hachées**
50 g	**de persil haché**
1	**gousse d'ail hachée**
1 c	**de poivre noir écrasé**
25 g	**de beurre**
25 g	**de farine**
25 cl	**de crème épaisse**
600 g	**de fettuccine frais**
150 g	**de petits pois blanchis**
125 g	**de gruyère râpé**

■ Préchauffez le four à 240°.

■ Dans une grande casserole, mettez les moules, le vin blanc, les échalotes, le persil, l'ail et le poivre écrasé. Couvrez et faites cuire à feu vif jusqu'à ce que les moules s'ouvrent et soient cuites. Décortiquez les moules et réservez au chaud.

■ Passez le jus des moules au chinois et réservez.

■ Dans une casserole, faites fondre le beurre et faites-y rissoler la farine pendant 2 min.

■ Ajoutez le jus des moules et la crème. Laissez cuire jusqu'à consistance crémeuse. Réservez.

■ Faites cuire les fettuccine dans de l'eau bouillante salée ; égouttez-les et mélangez-les aux petits pois légèrement chauffés.

■ Placez les fettuccine dans un plat de service allant au four et couvrez-les d'une couche de moules.

■ Nappez de sauce, ajoutez le gruyère râpé et enfournez 5 min.

LES DESSERTS

CRÈME AU CHOCOLAT ET PÊCHE

pour 4 personnes

pour la crème

2 C	**d'eau**
3	**œufs entiers**
3 C	**de sucre**
80 g	**de crème fraîche**
125 g	**de chocolat**
2	**pêches jaunes (en boîte)**

pour la sauce

100 g	**de chocolat amer**
1,2 dl	**de crème fleurette**

- Dans une casserole sur feu doux, faites fondre le chocolat avec l'eau.
- Travaillez les jaunes d'œufs avec le sucre ; le mélange doit être mousseux et presque blanc.
- Ajoutez la crème fraîche et le chocolat fondu.
- Versez dans la casserole et faites épaissir le mélange à feu doux. Retirez du feu.
- Ajoutez les blancs battus en neige et des morceaux de pêche.
- Versez dans des tasses et mettez au frais 1 h.
- Pendant ce temps, préparez la crème d'accompagnement.
- Dans une casserole sur feu doux, mélangez la crème fleurette et le chocolat amer.
- Démoulez chaque crème sur une assiette au fond de laquelle vous aurez versé un peu de sauce. Régalez-vous sans tarder.

CRÈME BRÛLÉE

pour 4 personnes

4	**jaunes d'œufs**
150 g	**de sucre en poudre**
60 cl	**de crème fraîche**
	vanille en poudre

- Dans une terrine, mélangez les jaunes d'œufs avec 1 C de sucre en poudre.
- Mettez la crème et la vanille dans une casserole et portez doucement à ébullition.
- Laissez bouiller 1 min.
- Versez la crème sur les œufs, fouettez.
- Faites cuire au bain-marie 25 min.
- Versez dans un plat à gratin.
- Saupoudrez de sucre et passez au gril du four pour faire caraméliser le sucre.
- Laissez-la refroidir avant de déguster, accompagnée de fruits frais de saison.

POIRES POCHÉES CHOCOLATÉES

pour 4 personnes

Vous pouvez également, pour un grand soir de fête, pocher les poires dans du champagne.

4	**poires**
15 cl	**d'eau**
150 g	**de sucre**
150 g	**de chocolat noir**
2 C	**de lait**
50 g	**de crème fraîche**
50 g	**de noisettes**

- Épluchez les poires en les gardant entières.
- Faites les cuire à feu très doux dans l'eau frémissante additionnée de sucre.
- Faites fondre le chocolat au bain-marie avec le lait.
- Hors du feu, ajoutez-lui la crème fraîche.
- Lorsque les poires sont cuites, égouttez-les et dressez-les sur des assiettes à desserts.
- Nappez-les avec la sauce au chocolat chaude.
- Parsemez de noisettes grossièrement concassées et dégustez immédiatement.

BROWNIES

pour 6 personnes

Dégustez tiède à l'heure du thé pour respecter le caractère anglo-saxon de cette pâtisserie.

60 g	**de cacao en poudre**
125 g	**de beurre ramolli**
175 g	**de sucre en poudre**
2 C	**de miel**
1	**pincée de vanille**
2	**œufs entiers**
125 g	**de farine**
1	**pincée de sel**
1	**blanc d'œuf**
250 g	**de noix écrasées grossièrement**

- Préchauffez le four à 210°.
- Dans un saladier, mélangez le cacao, le beurre, le sucre et le miel.
- Ajoutez la vanille et les œufs un par un, en mélangeant bien.
- Ajoutez la farine et le sel.
- Battez le blanc en neige et ajoutez-le délicatement à la préparation. Ajoutez les noix.
- Versez dans un moule à cake beurré et enfournez pour 30 min.

SALADE DE FRUITS À L'EAU DE VIE

pour 6 à 8 personnes

	salade de fruits maison
½ L	**de jus d'orange**
	eau de vie de poires, au goût
25 cl	**de crème épaisse**
1 C	**de vanille**
1 c	**de grenadine**

■ Confectionnez une salade de fruits au goût, sucrez et ajoutez du jus de citron, si vous le désirez.

■ Ajoutez le jus d'orange et l'eau de vie de poires. Mélangez.

■ Fouettez la crème jusqu'à ce qu'elle soit suffisamment ferme et ajoutez la vanille et la grenadine. Incorporez à la salade de fruits.

■ Présentez dans une soupière.

PÊCHES AU COINTREAU

pour 4 personnes

8	**pêches**
150 g	**de sucre en poudre**
½ L	**d'eau**
1	**verre de Cointreau (10 cl)**
2	**pincées de cannelle**
	menthe fraîche

■ Plongez les pêches dans l'eau bouillante pour pouvoir les peler facilement.

■ Dans une petite casserole, versez l'eau et le sucre et pochez les pêches épluchées pendant 5 min dans ce sirop à petits frémissements.

■ Laissez refroidir les pêches dans le liquide.

■ Dressez-les alors 2 par 2 dans des coupes ou des assiettes creuses à dessert. Réservez au frais.

■ Faites réduire le sirop à pleins bouillons pendant 5 min.

■ Ajoutez alors le Cointreau et la cannelle.

■ Réduisez encore pendant 5 min.

■ Laissez refroidir et versez sur les pêches.

■ Décorez avec quelques brins de menthe fraîche et dégustez bien vite.

■ À défaut de Cointreau, utilisez du rhum, mais réduisez de moitié la quantité d'alcool.

FRAISES À LA LIQUEUR

pour 4 personnes

Un dessert d'aspect sophistiqué qui ne demande pourtant aucune préparation compliquée !

500 g	**de fraises**
4 C	**de sucre en poudre**
3 C	**de cognac**
3 C	**de kirsch**
	crème chantilly

- Équeutez les fraises.
- Mettez-les dans un saladier.
- Saupoudrez-les de sucre et remuez très délicatement.
- Arrosez avec le cognac et le kirsch.
- Laissez mariner 1 h au réfrigérateur.
- Dressez alors les fraises dans des coupes.
- Nappez avec le sirop qui s'est formé et décorez à volonté de crème chantilly.

TRUFFES AU CHOCOLAT

pour 4 personnes

C'est à l'heure du café que ces truffes expriment le mieux toute leur subtile saveur.

250 g	**de chocolat noir**
2 C	**de lait**
3	**jaunes d'œufs**
75 g	**de beurre**
	cacao

- Faites fondre le chocolat dans le lait à feu très doux en remuant sans cesse avec une cuiller en bois.
- Hors du feu, ajoutez les jaunes d'œufs et le beurre.
- Travaillez 2 à 3 min pour rendre le mélange bien lisse et homogène.
- Laissez reposer 3 h au frais.
- Formez alors de petites boulettes en les roulant entre les deux paumes des mains.
- Passez-les dans une soucoupe de cacao ou laissez-les telles quelles, suivant votre goût.
- Déposez-les dans de petites caissettes de confiseur en papier et réservez au frais jusqu'au moment de déguster.

PIZZA AUX POMMES

pour 6 personnes

À déguster bien dorée dès la sortie du four, cette pizza sucrée enchantera toute la tablée.

3	**pommes rouges**
3	**pommes vertes**
300 g	**de pâte à pizza ou de pâte brisée**
200 g	**de cassonade (sucre roux)**
50 g	**de beurre**
	beurre pour le moule

- Préchauffez le four à 210°.
- Découpez les pommes en tranches fines après en avoir ôté le trognon avec un vide-pommes, mais sans les peler.
- Étalez la pâte dans un moule beurré.
- Disposez les tranches de pommes sur la pâte en alternant les couleur.
- Saupoudrez de cassonade et parsemez de noisettes de beurre.
- Enfournez pour 25 min.

SAUCE AU FUDGE

pour 6 personnes

Une sauce dessert très gourmande pour napper gâteaux, entremets ou glaces.

1	**boîte 4/4 de lait concentré sucré**
75 g	**de chocolat**
50 g	**de cassonade (sucre roux)**

- Versez le lait concentré dans une casserole.
- Faites fondre le chocolat dans ce lait.
- Ajoutez la cassonade.
- Portez à ébullition puis laissez frémir pendant 5 min.

COULIS DE FRUITS ROUGES

pour 4 personnes

C'est souvent à la réalisation d'un excellent coulis de fruits que l'on juge de la qualité d'un pâtissier. Avouez qu'avec cette recette, les galons de cordon-bleu se gagnent aisément !

Égrenez ou équeutez les fruits ; lavez-les et égouttez-les soigneusement.

Dans le bol du robot ménager, mettez les fruits, le sucre en poudre et le jus de citron.

Broyez jusqu'à l'obtention d'une texture très fine.

Lorsque le coulis est cuit, passez-le au chinois.

450 g	**de fruits rouges de l'été***
125 g	**de sucre en poudre**
4 C	**de jus de citron**
2 C	**de menthe fraîche hachée (facultatif)**

- Égrenez ou équeutez les fruits.
- Lavez-les, puis égouttez-les soigneusement.
- Mettez les fruits dans le robot ménager avec le sucre en poudre, le jus de citron et, éventuellement, la menthe fraîche hachée.
- Broyez jusqu'à l'obtention d'une texture très fine.
- Versez dans une casserole et portez à ébullition. Laissez mijoter 4 min.
- Passez au chinois pour éliminer tous les pépins.
- Remuez vivement, puis laissez refroidir.
- Ce coulis nappera délicieusement tous les desserts et pâtisseries de votre choix.

** Dans le jargon culinaire, on appelle « fruits rouges » toutes les baies estivales, souvent rouges effectivement, mais parfois violacées ou noires, comme les fraises, les framboises, les groseilles, les cassis, les mûres et les myrtilles ou les bleuets.*

SOUFFLÉS GLACÉS AU CHOCOLAT ET AUX AMANDES

pour 6 à 8 personnes

50 cl	**de crème épaisse**
200 g	**de chocolat noir**
4	**œufs entiers**
1 C	**de liqueur d'amandes**
20 g	**de sucre**
100 g	**d'amandes effilées grillées**

■ Dans une casserole à fond épais, faites bouillir la crème pendant 1 min. Retirez du feu, ajoutez le chocolat coupé en petits morceaux et mélangez doucement à la cuiller de bois, jusqu'à ce que tout le chocolat soit fondu. Laissez refroidir au réfrigérateur.

■ Incorporez les jaunes d'œufs et la liqueur d'amandes au mélange crème-chocolat à l'aide d'un fouet.

■ Fouettez les blancs en neige très ferme en ajoutant le sucre lorsqu'ils commencent à monter.

■ Incorporez les blancs au mélange à la spatule, en remuant délicatement.

■ Versez le mélange dans des petits moules à soufflé préalablement entourés d'une bande de papier sulfurisé dépassant 4 cm et fixée avec une ficelle. Mettez au congélateur pendant environ 3 h.

■ Servez après avoir retiré la feuille de papier sulfurisé. Le dessert donnera alors l'impression d'un petit soufflé.

■ Décorez d'amandes effilées et grillées au four. Savourez vite !

SORBET ORANGE OU AU CASSIS

pour 6 à 8 personnes

Pour le sorbet au cassis, procédez de même en passant le cassis au moulin à légumes avec la grille la plus fine.

300 g	**de sucre en morceaux**
10 cl	**d'eau**
8	**oranges (ou 1 kg de cassis)**
½	**citron**

- Faites un sirop en faisant fondre, sur feu doux, les morceaux de sucre avec l'eau.
- Arrêtez dès l'ébullition.
- Pressez les oranges et le ½ citron.
- Ajoutez au sirop de sucre encore tiède.
- Laissez refroidir.
- Mettez en sorbetière et faites tourner le temps indiqué par le fabricant.

GLACE À L'ANANAS ET À LA MANGUE

pour 6 à 8 personnes

Les modèles de sorbetières étant très nombreux, pour connaître le temps de prise de la glace, reportez-vous au mode d'emploi de votre appareil.

500 g	**de pulpe d'ananas**
1 L	**de crème anglaise**
50 g	**de raisins de Corinthe**
1	**verre à liqueur de rhum**
1	**petite mangue**
100 g	**de sucre roux**

- Passez la pulpe d'ananas au robot ménager.
- Dans un saladier, mélangez la pulpe d'ananas réduite en purée, la crème anglaise, ainsi que les raisins trempés préalablement dans le rhum. Ajoutez aussi le rhum de macération.
- Pelez la mangue. Retirez-en le gros noyau et découpez sa chair en tout petits cubes.
- Ajoutez ces cubes de mangue à la préparation, ainsi que le sucre roux.
- Mélangez bien le tout.
- Tournez en sorbetière et dégustez le plus vite possible après la fin de la prise de la glace. Elle n'en sera que plus moelleuse.

LE CARAMEL

pour 4 à 8 personnes

***L**e caramel est l'une des préparations les plus délicates que l'on puisse exécuter dans une cuisine.*

Rassemblez vos ingrédients.

Mélangez sucre, eau et jus de citron.

Passez au chinois avant utilisation.

125 g	**de sucre en poudre**
5 cl	**d'eau**
1 C	**de jus de citron**
25 cl	**de lait chaud**

Un petit truc pour le récurage. Remplissez la casserole utilisée d'eau et portez à ébullition. Laissez bouillir au moins 15 min. Le caramel fondra et se décollera des parois !

- Mélangez dans un bol le sucre en poudre, l'eau et le jus de citron.
- Versez dans une casserole à fond épais et portez à ébullition.
- Lorsque le caramel bouillonne et a une belle coloration dorée, ajoutez le lait chaud et fouettez vivement.
- Passez au chinois, puis utilisez pour napper n'importe quel dessert.

PÊCHES AU CARAMEL

pour 4 personnes

Ces pêches au caramel peuvent être réservées au réfrigérateur et réchauffées quelques minutes au four juste avant le service.

Après cuisson, les pêches se pèlent facilement.

Coupez-les en deux et retirez les noyaux.

Dressez les demi-pêches dans le plat de service. Nappez de caramel. Parsemez de cacahuètes et de menthe fraîche hachées.

1 L	**d'eau**
4	**pêches**
25 cl	**de caramel (voir page 360)**
4 C	**de cacahuètes décortiquées**
4 C	**de menthe fraîche hachée**

- Portez l'eau à ébullition dans une casserole.
- Plongez-y les pêches.
- Laissez mijoter 4 à 5 min.
- Pelez les pêches, coupez-les en deux et retirez les noyaux.
- Préparez le caramel selon la recette de la page 360.
- Hachez les cacahuètes et la menthe fraîche.
- Dressez les demi-pêches dans le plat de service.
- Nappez de caramel.
- Parsemez de cacahuètes et de menthe hachées.
- Servez aussitôt.

COOKIES AUX ÉPICES

pour 20 cookies

Laissez refroidir avant de savourer ces cookies qui comptent désormais parmi les gourmandises favorites des petits Français autant ou presque que des petits Anglo-Saxons.

125 g	**de beurre ramolli**
75 g	**de sucre en poudre**
1	**sachet de sucre vanillé**
2	**pincées de cannelle**
2	**pincées de gingembre**
½ c	**de graines de cumin**
300 g	**de farine**
50 g	**de crème liquide**
	beurre pour la plaque du four

- Préchauffez le four à 180°.
- Dans un saladier, mélangez le beurre avec le sucre en poudre. Remuez jusqu'à ce que le mélange devienne une pommade claire.
- Ajoutez le sucre vanillé, la cannelle, le gingembre et le cumin.
- Incorporez la farine. Mélangez bien.
- Ajoutez la crème liquide et pétrissez quelques minutes avec les mains.
- Disposez des petits tas sur la plaque, bien beurrée, du four.
- Enfournez pour 20 min.

TARTE À LA BANANE

pour 6 personnes

250 g	**de pâte brisée**
4	**bananes**
50 g	**de beurre**
100 g	**de sucre**
15 cl	**de crème épaisse**
2 C	**de sucre en poudre**

■ Préchauffez le four à 210°.

■ Étalez la pâte et tapissez-en un moule à tarte beurré.

■ Piquez le fond et disposez dessus une feuille d'aluminium. Enfournez pour 20 min.

■ Pendant ce temps, épluchez les bananes et coupez-les en rondelles.

■ Faites-les revenir au beurre dans une poêle avec le sucre.

■ Battez la crème épaisse avec le sucre en poudre.

■ Quand la pâte est cuite, laissez-la refroidir.

■ Étalez les rondelles de banane dessus et décorez avec la crème chantilly à l'aide d'une poche à douille.

GÂTEAU AU CAFÉ

pour 6 personnes

125 g	**de beurre**
300 g	**de sucre en poudre**
1	**sachet de sucre vanillé**
1 C	**de levure chimique**
300 g	**de farine**
1	**pincée de sel**
1 C	**de café soluble**
3	**œufs**
150 g	**de fromage blanc**

■ Préchauffez le four à 210°.

■ Mettez le beurre dans un saladier.

■ Ajoutez le sucre en poudre et le sucre vanillé, ainsi que la levure. Mélangez. Incorporez la farine, le sel et le café.

■ Ajoutez les jaunes d'œufs et le fromage blanc. Mélangez le tout.

■ Ajoutez les blancs battus en neige en mélangeant délicatement.

■ Versez dans un moule à manqué beurré et enfournez 40 min.

■ Décorez éventuellement de filaments de chocolat liquide et de quelques feuilles de menthe fraîche.

GÂTEAU À LA FLEUR D'ORANGER

pour 6 à 8 personnes

100 g	**de beurre**
200 g	**de sucre**
2	**œufs**
	le jus et le zeste de 1 orange
400 g	**de farine**
1	**sachet de levure chimique**
15 cl	**d'eau chaude**
1 c	**d' extrait de fleur d'oranger**
200 g	**de raisins**
150 g	**de noix**
½ c	**de vanille concentrée**
	cerises au marasquin (pour le décor)

■ Préchauffez le four à 180°.

■ Battez le beurre en pommade. Incorporez le sucre et les œufs. Remuez bien entre chaque addition.

■ Ajoutez l'orange, passée au hachoir à viande ou râpée entièrement avec le jus et l'écorce.

■ En alternant, ajoutez la farine, la levure, l'eau et l'extrait de fleur d'oranger au mélange.

■ Ajoutez les raisins, les noix saupoudrées de farine et la vanille.

■ Enfournez 30 à 45 min.

■ Décorez de quartiers ou de rondelles d'orange et de cerises.

GÂTEAU FORÊT NOIRE

pour 10 à 12 personnes

400 g	**de farine à gâteau**
100 g	**de cacao en poudre**
1 c	**de bicarbonate de soude**
½ c	**de sel**
1	**sachet de levure chimique**
100 g	**de beurre**
250 g	**de sucre**
2	**œufs**
6 cl	**de kirsch ou cherry-brandy**
18 cl	**d'eau tiède**
75 cl	**de crème à fouetter**
600 g	**de cerises dénoyautées**
	copeaux de chocolat (pour le décor)

- Préchauffez le four à 180°.
- Tamisez la farine, le cacao, le bicarbonate de soude, le sel et la levure.
- Battez le beurre et le sucre en pommade jusqu'à consistance légère. Ajoutez les œufs, un à un.
- Mélangez le kirsch et l'eau. Incorporez au mélange crémeux en remuant, en alternant avec la farine.
- Beurrez légèrement et farinez 2 moules à gâteau de 24 cm de diamètre. Divisez la pâte entre les 2 moules.
- Enfournez 25 à 30 min. Sortez du four et laissez refroidir 10 min. Réfrigérez.
- Fouettez la crème. Disposez les cerises sur un des gâteaux. Couvrez-le d'un peu de crème fouettée.
- Divisez le deuxième gâteau en deux, dans le sens de l'épaisseur. Déposez un demi-gâteau sur le premier. Couvrez d'un peu de crème fouettée, puis de l'autre moitié de gâteau.
- Garnissez le tout avec le reste de la crème fouettée et les copeaux de chocolat.

Note : il est possible de sucrer la crème fouettée en ajoutant 150 g de sucre glace.

LA CUISINE AUX MICRO-ONDES

LE FOUR À MICRO-ONDES

Lorsqu'il est fermé, un four à micro-ondes ressemble un peu à un téléviseur. Cela n'est sans doute pas uniquement le fait du hasard, car ces deux appareils fonctionnent selon le même principe fondamental : l'utilisation d'une émission d'ondes. Le téléviseur convertit certaines ondes en images, tandis que le four exploite d'autres ondes pour chauffer les aliments.

Que sont exactement les micro-ondes ?

Il s'agit d'une forme d'énergie électromagnétique, une composante de l'univers, résultant d'ondes de très courte longueur (d'où l'appellation *micro-ondes*), mais de très haute fréquence (2450 mégahertz, soit une fréquence 15 000 fois supérieure à celle des ondes radio). Cela signifie donc qu'en une seconde ces ondes oscillent plus de 2 milliards de fois !

D'où viennent les micro-ondes ?

Elles sont émises par un générateur situé à l'intérieur du four, le *magnétron*. Celui-ci est alimenté par le courant électrique qu'il transforme en énergie électromagnétique. Les micro-ondes sont conduites dans l'enceinte par un *guide d'ondes*, puis elles y sont réparties le plus régulièrement possible, à l'aide de dispositifs qui varient d'un constructeur à l'autre.

Comment agissent les micro-ondes ?

De trois manières différentes : par *ABSORPTION*, par *TRANSMISSION* et par *RÉFLEXION*. Les micro-ondes sont attirées par l'humidité, présente dans tous les aliments dans une proportion de 65 à 90 p. 100. Elles pénètrent donc dans ceux-ci, où elles sont absorbées. Certains matériaux comme le papier, le verre ou le plastique sont transparents aux micro-ondes comme une vitre aux rayons du soleil. Ces matériaux, qui n'absorbent ni ne réfléchissent les ondes, les transmettent directement aux aliments. Les métaux, au contraire, les réfléchissent. Ainsi, les parois en métal d'un four à micro-ondes contribuent, par réflexion, à la répartition optimale de l'énergie.

Comment cuisent les aliments ?

Par friction ! Chaque molécule d'un aliment soumis aux micro-ondes est agitée plus de 2 milliards de fois par seconde. Il s'ensuit un échauffement suffisant pour les cuire. C'est en appliquant le même principe que nos ancêtres faisaient du feu en frottant deux bâtons l'un contre l'autre.

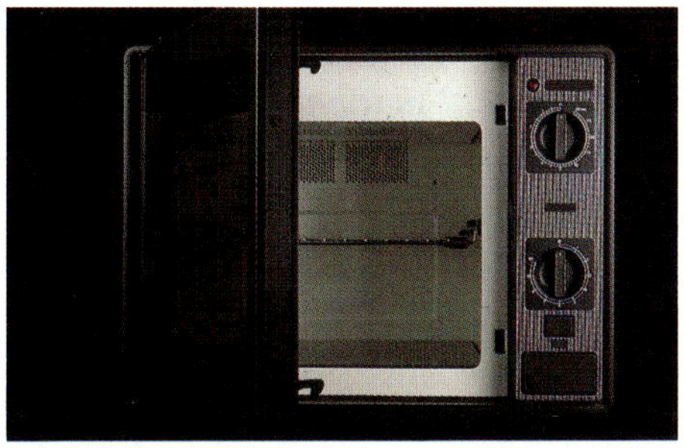

Les parois d'un four à micro-ondes sont conçues pour ne pas laisser s'échapper les ondes. De plus, le magnétron cesse automatiquement et instantanément de fonctionner quand on ouvre la porte du four. Il n'y a donc AUCUN DANGER DE RADIATIONS. De même, quand on éteint le four, il n'y a plus aucun résidu d'énergie électromagnétique dans les aliments.

Contrairement à ce qui se passe dans un four conventionnel, l'air n'est pas échauffé dans un four à micro-ondes. Comme les récipients en un matériau adéquat deviennent tout juste tièdes, on peut en tout temps intervenir dans le four sans se brûler. Il faut cependant se méfier des parois métalliques.

LA SOLE ET L'ÉTAGÈRE

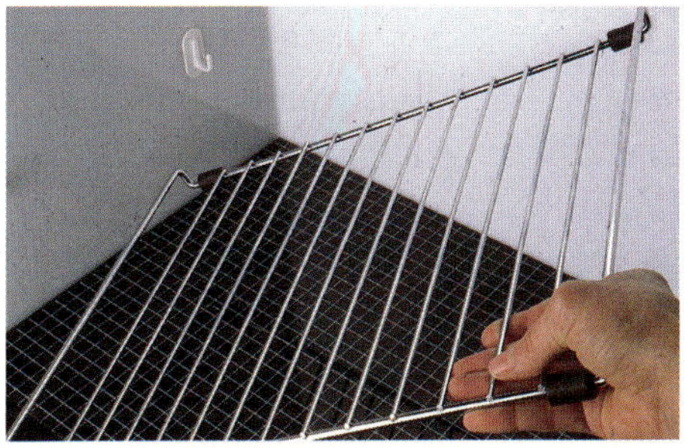

Le bas du four est doublé d'une épaisse plaque de verre, généralement amovible : la sole. Celle-ci isole les aliments du fond du four, ce qui leur permet de mieux cuire par en dessous. De nombreux fours sont également pourvus d'une étagère grillagée qui constitue un second plan de cuisson ; on peut donc y préparer simultanément deux éléments d'un même plat ou deux plats d'un même repas.

LA MINUTERIE

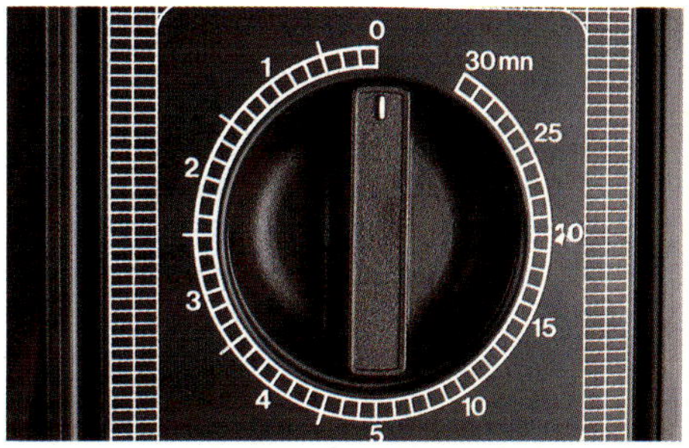

Tous les fours à micro-ondes sont équipés d'une minuterie. Il en existe de différents types : compte-minutes, compte-minutes/compte-secondes, compteurs numériques, etc. Leurs fonctions sont toujours essentiellement les mêmes : permettre la programmation précise des temps de cuisson, le déclenchement d'une sonnerie de fin de cuisson et l'arrêt automatique de l'appareil.

Le four à micro-ondes est-il vraiment plus rapide que les autres fours ?

Incontestablement ! Dans un tel four, la cuisson prend de deux à trois fois moins de temps qu'avec les méthodes conventionnelles, suivant la nature des aliments. Il faut toutefois se souvenir que plus on cuit de grosses quantités, plus son efficacité diminue.

PUISSANCE DES FOURS À MICRO-ONDES

Il ne faut pas confondre la puissance consommée par l'appareil et celle qu'il libère, qui est d'environ la moitié. Ainsi, un four qui consomme 1350 watts en libère 700. La différence est due à la déperdition d'énergie lors de la transformation du courant en ondes électromagnétiques. Mais cette déperdition est largement compensée par le gain de temps.

LES USTENSILES DE CUISSON

Quelles doivent être les qualités d'un ustensile pour permettre la cuisson aux micro-ondes ?

L'ustensile idéal de cuisson par micro-ondes doit transmettre les ondes aux aliments, sans les absorber ni les réfléchir.

S'il remplit parfaitement cette fonction, il permettra une cuisson plus rapide, une économie de temps et d'énergie. Comme il ne s'échauffera pas, on pourra le saisir facilement et l'apporter à table, ce qui occasionnera moins de manipulations et moins de vaisselle.

Puisque le plat de cuisson peut aussi être utilisé comme plat de service, on le choisira le plus possible en fonction de son esthétique.

Existe-t-il de grandes différences d'efficacité entre les divers plats ?

Énormes ! C'est pourquoi nous les avons classés en plusieurs groupes, selon la matière dont ils sont constitués :

Les matières à éliminer
Les matières à éviter
Les matières à tester
Les matières à utiliser avec précautions
Les matières convenables
Les matières idéales

Les matières à éliminer

Comme nous l'avons vu plus haut, les métaux réfléchissent les ondes. Ils empêchent donc la cuisson uniforme des aliments et, pire encore, ils renvoient les micro-ondes de manière anarchique, un peu comme un *flipper* frappe une bille. Ces micro-ondes folles bombardent l'enceinte du four et peuvent l'endommager gravement. Il faut proscrire absolument de sa batterie pour micro-ondes toutes les casseroles, poêles, plats ou moules en métal, les couverts métalliques (même ceux en argent) et toutes formes de barquettes en aluminium. Le papier d'aluminium est également à éliminer, sauf en quelques occasions. On ne doit pas utiliser non plus de plats en mélamine ni de vaisselle de type Centura.

Les matières à éviter

Il convient d'éviter systématiquement tous les ustensiles ayant une partie métallique, même minuscule, attaches de pots, becs, poignées, etc., les thermomètres ou brochettes métalliques, la verrerie contenant du plomb, le cristal trop fragile, la porcelaine, surtout si elle est décorée de filets dorés ou argentés, et les épaisses planches de bois (qui finissent par se fendre sous l'action des micro-ondes).

Les matières à tester

Les poteries (faïence, terre cuite, grès) doivent être testées avant d'être adoptées, car, selon leur teneur en particules métalliques, elles peuvent convenir plus ou moins bien au four à micro-ondes.

Test

Versez une tasse d'eau dans le plat à tester et autant dans un plat déjà éprouvé. Placez les deux plats au four. Réglez le four à FORT (allure 10).

Premier test : si l'eau bout à peu près au même moment dans les deux récipients, le test est positif et le plat convient.

Deuxième test : si l'ébullition n'est pas simultanée, touchez les deux plats. Si le plat à tester n'est pas plus chaud que l'autre, vous pouvez l'utiliser en cuisine micro-ondes. Toutefois, s'il est brûlant quand l'autre est resté tiède, ne l'employez pas dans votre four.

Le carton (assiettes, verres, tasses, emballages) peut être utilisé dans le four à micro-ondes, essentiellement pour réchauffer les aliments. On doit éviter de le chauffer trop longtemps, surtout s'il contient un élément gras ou riche en sucre.

Quand on veut réchauffer un produit contenu dans un emballage de carton, on doit d'abord s'assurer que l'intérieur du paquet n'est pas doublé d'aluminium. Le papier absorbant et les serviettes en papier conviennent aux micro-ondes. Il faut toutefois se méfier des couleurs vives : elles peuvent déteindre sur la nourriture.

L'osier, le rafia, le bambou, dont sont constitués certains paniers-vapeur, et la plupart des corbeilles, tolèrent les micro-ondes, mais pour de courtes durées. Il en va de même des brochettes et de tous les petits instruments en bois.

Tous les plats en plastique mince ou mou peuvent être passés au four à micro-ondes, à condition de ne pas les employer vides, ni de les y laisser trop longtemps. On doit toutefois éviter de s'en servir pour cuire des denrées grasses ou très riches en sucre. Ils risqueraient alors de se décolorer, de se déformer et même de fondre, car les graisses et le sucre atteignent rapidement de hautes températures.

Les matières convenables

Les récipients en verre à feu (de type Pyrex) ou en céramique de verre, dite vitro-céramique ou pyro-céramique (de type Corning Ware ou Arcopal), conviennent très bien au four à micro-ondes, bien qu'ils soient un peu lourds et relativement fragiles. On ne doit cependant pas se servir de leur couvercle si celui-ci est en plastique.

Les matières idéales

Tous les récipients et plats de plastique dur conçus pour micro-ondes sont naturellement tout à fait indiqués. Il sont un peu chers à l'achat, mais ils durent très longtemps et sont donc à la longue les plus avantageux. Il en existe de toutes formes et de toutes tailles. De plus, ils ont souvent un design harmonieux, ce qui permet de les présenter à table sans problème. On ne doit toutefois jamais les passer vides au four.

TAILLES ET FORMES DES RÉCIPIENTS DE CUISSON

Les fabricants de récipients pour four à micro-ondes rivalisent si bien d'ingéniosité et d'imagination qu'il est maintenant possible de trouver des ustensiles de toutes tailles et de toutes formes, aussi commodes qu'esthétiques. Les plus pratiques de tous semblent être les plats que l'on peut placer au congélateur, avec un couvercle de conservation, puis passer directement aux micro-ondes, avec un couvercle de cuisson, et, enfin, apporter à table comme plats de service.

S'il n'est vraiment pas nécessaire de posséder tous les modèles du marché, il est cependant indispensable de s'équiper d'une batterie complète.

Avoir l'ustensile adéquat sous la main au moment voulu facilite grandement la cuisine et participe de manière non négligeable à sa réussite. Comme déjà nos aïeux l'affirmaient : on reconnaît l'artisan à la qualité de ses outils !

Voici quelques modèles de récipients particulièrement bien adaptés au four à micro-ondes ; nous les avons personnellement utilisés très souvent lors de la réalisation des recettes de cet ouvrage.

Trois plats ronds de même diamètre, mais de profondeur différente (diamètre : 25 cm ; capacité : 1 L, 2 L et 3 L). Un seul couvercle de cuisson suffit pour les trois récipients.

Deux plats rectangulaires peu profonds (dimensions : 30 cm x 20 x 5 et 20 cm x 13 x 5 ; capacité : 1,5 L et 0,5 L). Un plat ovale (dimensions : 28 cm x 5 x 7 ; capacité : 1,25 L). Le couvercle de ce plat ovale profond d'environ 28 mm peut servir à la préparation de gratins très fins.

Un plat rectangulaire assez profond (dimensions : 28 cm x 15 x 10 ; capacité : 2 L). Un plat rond assez profond (diamètre : 18 cm ; profondeur : 12 cm ; capacité : 1,5 L). Quatre petits ramequins individuels carrés (dimensions : 10 cm x 10 x 5 ; capacité : 200 ml). Chacun de ces plats est pourvu d'un couvercle de cuisson.

Trois cocottes rondes et profondes en pyrex (capacité : 0,5 L, 2 L et 3 L). Leurs couvercles peuvent servir de plats à gratin.

Deux plats à gratin rectangulaires en pyrex (capacité : 0,5 L, 1,5 L). Un plat à gratin ovale en pyrex (capacité : 1 L).

Attention : les couvercles de conservation pour congélateur ne conviennent pas au four à micro-ondes.

Il est à noter que, dans le four à micro-ondes, la cuisson est légèrement plus rapide et plus homogène, à capacité et profondeur égales, dans un plat rond que dans un plat carré ou rectangulaire. Avec les formes carrées, on peut craindre une surcuisson dans les angles.

LES PLATS SPÉCIAUX

En plus des récipients mentionnés, il est utile de posséder certains ustensiles spéciaux, qui facilitent grandement la pratique de la cuisine aux micro-ondes.

Quelques moules à tartes, à tartelettes, à gâteaux, à cakes, à savarins ou à charlottes, une tasse à mesurer et deux ou trois bols se révèlent vite nécessaires, tout comme d'autres plats dont l'usage est moins connu.

Quels sont les autres plats spéciaux ?

Il y en a de nombreux. Nous allons les passer en revue.

Les paniers de cuisson surmontés d'une partie grillagée en plastique, faisant fonction de claie, sont d'une grande utilité...

... notamment pour cuire les légumes ou tout autre ingrédient à la vapeur.

Certains ustensiles, comme le *trivet*, sont plutôt conçus pour la cuisson des viandes.

Ces grilles permettent de cuire les viandes ou la volaille sans qu'elles baignent dans leur jus. On peut ainsi en récupérer facilement tous les sucs. Les recettes préparées avec ces ustensiles sont à la fois saines et savoureuses.

Il est intéressant d'avoir également dans sa batterie d'ustensiles un plat divisé en deux parties égales. On peut l'employer pour réchauffer deux garnitures différentes...

... mais aussi pour cuire le même légume avec des assaisonnements différents.
À gauche : pour un convive qui suit un régime sans sel.

À gauche : pour un enfant qui n'aime pas le poivre.

À gauche : pour une personne qui ménage ses artères en évitant les graisses.

À gauche : aucun régime n'interdit les fines herbes !

LES USTENSILES À BRUNIR

Nous avons déjà souligné le fait que l'une des rares limites du four à micro-ondes tenait à ce qu'on ne pouvait y faire brunir ou dorer les aliments, sauf dans les fours multifonctions.

Pour remédier à cette carence, certains fabricants ont conçu d'excellents ustensiles, dont l'assiette et le plat à brunir.

Comment utilise-t-on l'assiette à brunir ?

L'assiette à brunir est surtout adaptée à la cuisson des grillades (biftecks, burgers, pièces de volaille, etc.). Pour vous en servir, placez-la vide dans le four à micro-ondes et préchauffez-la 6 min à puissance maximale (FORT). Ne dépassez pas ce temps de préchauffage et protégez-vous les mains, car l'assiette sera devenue brûlante.

Déposez-y ensuite les pièces à dorer Saisissez-les 1 ou 2 min sur une face (toujours à FORT), puis retournez-les et dorez-les le même temps de l'autre côté. Vous pourrez alors achever la cuisson sur l'assiette, s'il s'agit d'une simple grillade, ou dans un autre plat, pour une préparation plus élaborée.

Comment utilise-t-on le plat à brunir ?

Ustensile indispensable, le plat à brunir permet d'obtenir une volaille ou un rôti magnifiquement dorés en utilisant exclusivement le four à micro-ondes. C'est aussi le plat idéal pour réchauffer une pizza, faire griller un sandwich ou cuire une omelette.

Déposez le plat vide dans le bas du four et préchauffez-le pendant 6 min à puissance maximale (FORT).

Il ne faut jamais préchauffer le plat à brunir sur l'étagère ni avec son couvercle. Disposé comme sur la photo ci-dessus, il perdrait ses propriétés.

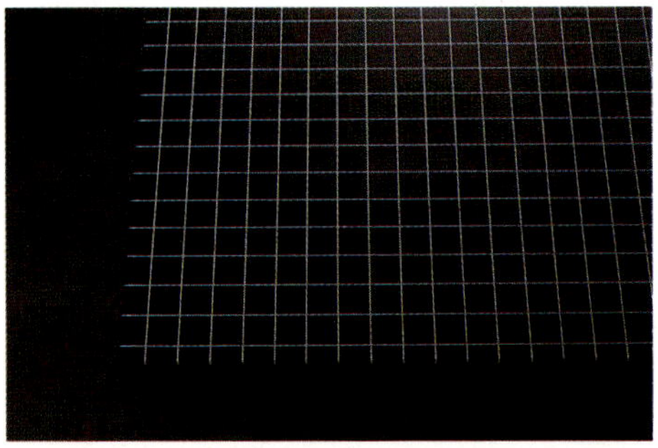

Il est même préférable de retirer la sole du four, lorsqu'elle est amovible, et de préchauffer le plat directement sur le fond métallique.

Quand le plat est bien chaud, on peut l'utiliser avec ou sans matière grasse.

Pressez l'aliment à dorer contre le fond du plat. Faites rôtir ou griller à l'allure et durant le temps recommandés dans la recette.

LES PAPIERS ET PLASTIQUES DE CUISINE

Tournez pour dorer uniformément de tous les côtés.

Quelles précautions doit-on prendre avec le plat à brunir ?

- Ne le préchauffez jamais plus de 8 min.
- Ne le manipulez pas sans protection car sa température s'élève à plus de 250°.
- Lavez-le à la main et non à la machine et ne le plongez jamais dans l'eau.
- Traitez-le sans brusquerie, car il est relativement fragile.

Ce sont de précieux auxiliaires dans toutes formes de cuissons, mais plus spécialement encore dans la cuisson aux micro-ondes.

Tous les papiers et tous les plastiques sont-ils utilisables ?

Certainement pas ! Il ne faut utiliser que les matériaux conçus spécialement pour la cuisine.

Tous les papiers et sachets de texture grossière sont à éliminer, parce qu'ils sont souvent faits de papier recyclé qui ne convient pas au four à micro-ondes. De même, les sacs de conservation en plastique ne doivent pas être passés au four, car ils dégagent une odeur qui gâche la saveur des aliments.

Le papier sulfurisé est excellent en certaines occasions, de même que le papier absorbant. Les feuilles de polyéthylène (film plastique transparent) peuvent servir à de multiples usages tout comme les sacs de cuisson en plastique. On ne doit toutefois jamais fermer ces sacs avec des attaches métalliques qui provoqueraient des étincelles pouvant faire fondre le plastique. On utilisera plutôt de la ficelle.

Le papier absorbant est idéal pour envelopper les aliments gras comme le bacon, puisqu'il en boit la graisse durant la cuisson.

On se sert du papier sulfurisé pour couvrir les viandes et les volailles et, en règle générale, tous les aliments légèrement gras ; on peut aussi en confectionner des papillotes pour cuire des ingrédients à l'étouffée.

On se sert des pellicules plastiques et des sacs de cuisson en plastique pour couvrir la plupart des plats, mais plus spécialement les poissons et tous les aliments maigres. On doit toujours les percer pour laisser s'échapper la vapeur.

LE PAPIER D'ALUMINIUM

Est-ce vrai qu'il faut prendre des précautions quand on retire la pellicule plastique d'un plat cuit?

Absolument! Lorsqu'on déballe un plat ou qu'on soulève son couvercle en fin de cuisson, il faut se souvenir que, même si le récipient n'est pas très chaud, la température de la vapeur emprisonnée est très élevée. On doit donc être prudent afin d'éviter de se brûler les mains ou même le visage. La meilleure chose est de soulever légèrement la feuille ou le couvercle avec un gant de cuisine et d'attendre quelques minutes avant de finir de déballer.

Les pellicules plastiques peuvent également servir à tapisser l'intérieur des plats dans lesquels on veut cuire des pâtés, des terrines, des pains de viande ou des gâteaux. On garnit d'abord le plat d'une pellicule dans le sens de la largeur...

... puis on en met une autre dans le sens de la longueur. On chasse les poches d'air en pressant avant d'ajouter la préparation. En fin de cuisson, le pâté, la terrine, le pain ou le gâteau peuvent être facilement démoulés en tirant simplement les quatre coins de la pellicule, qu'il ne reste plus alors qu'à ôter.

Quels avantages y a-t-il à tapisser des moules de pellicules plastiques?

Non seulement le démoulage des pâtés et des gâteaux est-il facilité, mais on n'a plus, avec cette méthode, à graisser, beurrer ou huiler le fond et les parois du moule. On obtient ainsi une cuisine plus légère et plus saine.

On ne doit toutefois utiliser ce procédé qu'avec un plat spécial pour micro-ondes. Un plat non éprouvé et qui chaufferait exagérément pourrait faire fondre le plastique.

Nous avons vu en page 380 que le papier d'aluminium était un matériau à proscrire dans le four à micro-ondes, sauf en quelques occasions.

En fait, le défaut rédhibitoire du papier d'aluminium, employé en masse, est de réfléchir les ondes, donc d'empêcher la cuisson des aliments.

Toutefois, ce défaut peut devenir une qualité quand on n'applique du papier que sur de petites surfaces pour retarder la cuisson de certaines parties d'aliments. L'aluminium est alors sans danger pour le four.

On peut utiliser avantageusement le papier d'aluminium pour protéger les ingrédients fragiles : têtes et queues de poissons, bouts d'ailes et de cuisses de volailles, extrémités de rôtis, pointes d'os de côtelettes, etc. On retire généralement ces bandes d'aluminium à mi-cuisson pour éviter que les endroits masqués ne restent crus.

LA SONDE THERMIQUE

Certains fours à micro-ondes sont maintenant équipés d'une sonde thermique.

Ce dispositif sert à mesurer la température à l'intérieur des aliments durant leur cuisson.

Un système de thermostat règle la durée de la cuisson selon une série de programmes préétablis, intégrés à l'appareil. Ainsi, lorsqu'on désire un rôti saignant ou bien cuit, on n'a qu'à presser un bouton et le four se charge du reste.

La sonde est constituée d'un cordon flexible qui se branche à un bout à l'intérieur de l'enceinte ; l'autre extrémité présente une fiche prolongée d'une aiguille que l'on enfonce dans l'aliment dont on veut mesurer la température.

Sur le même principe thermostatique, appliqué par une espèce d'ordinateur culinaire, il existe d'autres sophistications comme le plat à mijoter qui permet des cuissons très longues à très faible puissance. Les mets ainsi préparés mijotent pendant des heures, même en l'absence du cuisinier ou de la cuisinière, et peuvent être maintenus prêts à servir jusqu'à une heure déterminée.

Tout cela n'appartient pas au rêve, mais bien à la réalité moderne. Néanmoins, tout le monde, loin s'en faut, n'est pas encore équipé de ces derniers modèles, d'autant que les programmes préétablis ne s'appliquent qu'à une dizaine d'aliments, les autres devant être cuits sous la surveillance de l'opérateur.

Nous ne pouvons que répéter le conseil que déjà nous donnions en page 378 à propos des derniers perfectionnements : que ceux qui y ont accès « gèrent » l'une de nos recettes automatiquement, puis qu'ils la fassent à nouveau en se conformant à nos prescriptions…

Chacun jugera lui-même de la différence, si différence il y a, entre les deux méthodes.

La sonde mesure la température à l'intérieur du jambon.

Elle règle l'allure et le temps de cuisson jusqu'à obtention du degré de cuisson désiré.

Chaque modèle de sonde n'est utilisable que dans le four pour lequel il est conçu. C'est pour la cuisson des grosses pièces que la sonde se montre le plus efficace.

LES TEMPS DE REPOS

Lorsque le four arrête de fonctionner, la cuisson ne cesse pas instantanément. Pendant une période variable, qu'il est indispensable de respecter, elle continue d'évoluer : c'est ce que l'on appelle le temps de repos.

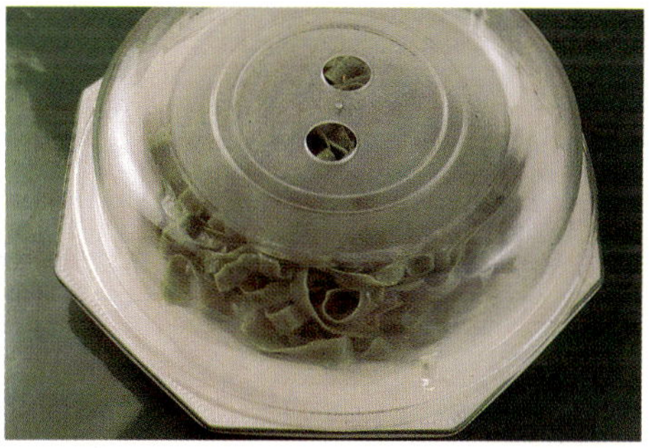

Il est préférable de laisser reposer un plat à couvert. Il existe des couvercles spéciaux qui permettent à la vapeur de s'échapper.

Combien de temps un plat doit-il reposer après la cuisson ?

Il faut compter 3 min de repos pour les cuissons inférieures à 5 min, 5 min de repos pour les cuissons de 5 à 10 min, et ajouter ensuite 4 min de repos par 10 min de cuisson additionnelle.

Ces temps sont donnés à titre indicatif ; pour chacune de nos recettes, nous avons déterminé des temps de repos beaucoup plus précis.

LA DÉCONGÉLATION

TABLEAU DE DÉCONGÉLATION DES PRINCIPAUX ALIMENTS

On ne traite pas de la même manière un aliment frais et un aliment congelé. Avant d'être cuit, un produit congelé doit être décongelé. Il faut pour cela respecter quelques règles précises.

Quelles sont les règles à respecter pour obtenir une bonne décongélation ?

Il y en a dix, toutes très simples et efficaces :

1. Réglez le four sur le cycle décongélation s'il en est pourvu. Sinon, réglez-le à FAIBLE (allure 3 ou 30 p. 100 de la puissance).
2. Réglez avec précision le temps de décongélation (voir le tableau ci-contre).
3. Procédez à la décongélation en deux étapes, la première étape étant deux fois plus longue que la seconde (voir le tableau ci-contre).
4. Laissez un temps de repos après chaque étape (voir le tableau ci-contre).
5. Laissez l'aliment à décongeler dans son emballage durant la première étape, à moins que celui-ci ne contienne du métal.
6. Déballez l'aliment lors du premier temps de repos et mettez-le dans un plat.
7. À mi-décongélation, retournez l'aliment s'il est d'une seule pièce (comme un rôti) ou remuez-le dans le cas contraire (sauce, riz, petits pois, crevettes, viande hachée, etc.).
8. Pour protéger d'un début de cuisson certaines parties fragiles, utilisez du papier d'aluminium dans les conditions décrites précédemment.
9. À mi-décongélation, sondez l'aliment jusqu'au centre pour apprécier son stade de décongélation.
10. Aux premiers signes de cuisson, retirez l'aliment du four, même si la décongélation n'est pas terminée, et finissez de le dégeler à la température ambiante.

ALIMENTS	POIDS
Beurre	(250g)
Bœuf (rôti)	(900g)
Bœuf (bifteck)	(200g)
Bœuf (haché)	(500g)
Canard	(900g)
Côtelettes (agneau, etc.)	(500g)
Crèmes anglaises ou autres	(250g)
Crevettes et huîtres	(250g)
Dinde	(2kg)
Fruits	(500g)
Légumes	(900g)
Pain	(400g)
Pizza	(250g)
Poisson (entier)	(500g)
Poisson (filet)	(500g)
Porc (rôti)	(900g)
Porc (bout de côtes)	(500g)
Poulet (entier)	(900g)
Poulet (morceaux)	(900g)
Riz cuit	(250g)
Ragoût	(900g)
Saucisses	(500g)
Tarte aux fruits	(250g)

CONSEILS ET ASTUCES POUR UNE CUISSON ÉQUILIBRÉE

ÉTAPE 1 (min) 500/650W	ÉTAPE 1 (min) 700W	REPOS 1	ÉTAPE 2 (min) 500/650W	ÉTAPE 2 (min) 700W	REPOS 2
2½	2	2	1¼	1	4
7	6	3	3½	3	10
2	1½	3	1	¾	5
3	2½	3	2	1½	5
8	6	4	4	3	10
3	2½	3	1½	1¾	5
2	1½	2	1	¾	2
4	3	3	2	1½	5
20	16	5	10	8	15
4	3	3	2	1½	2
7	6	5	3½	3	5
4	3	4	2	1½	6
3	2	3	1½	1½	4
6	5	4	3	2½	6
5	4	3	2½	2	5
10	8	6	5	4	12
4	3	3	2	1½	6
8	6	3	4	3	9
6	5	3	3	2½	5
3	2	2	1	1	4
10	8	6	5	4	10
5	4	3	2½	2	7
4	3	3	2	1½	4

Soulignons-le une nouvelle fois, la cuisson dans un four à micro-ondes ne se déroule pas de la même manière que dans un four ordinaire.

Les ondes atteignent d'abord le pourtour des aliments et se propagent lentement vers le centre, ce qui entraîne une cuisson progressive vers celui-ci.

Comment obtient-on une cuisson uniforme ?

Il faut respecter les consignes suivantes :

Disposition en rond

Puisque la cuisson commence en périphérie d'un plat, disposez de préférence les aliments en cercle dans celui-ci.

Les plus gros morceaux vers l'extérieur

Placez les plus gros morceaux vers l'extérieur du plat, pour que leur cuisson commence en premier, et les plus petits au centre.

Les parties les plus charnues vers l'extérieur

Toujours pour la même raison, disposez la partie la plus charnue d'une viande ou d'une volaille vers l'extérieur du plat, mais les os ou la partie maigre vers le centre.

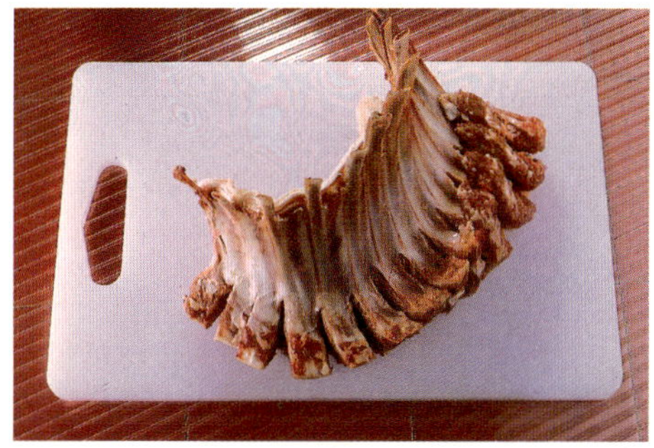

Ainsi, il est préférable de cuire un train de côtes d'agneau en couronne plutôt qu'en carré.

Les noix (parties charnues) cuiront plus vite que la chair mince recouvrant les côtes, mais comme elles sont plus épaisses, la cuisson sera parfaitement uniforme. Protégez le bout des os avec de petits morceaux de papier d'aluminium pour les empêcher de noircir.

L'UTILISATION DE L'ÉTAGÈRE

Comme dans n'importe quel four, l'étagère a deux utilités : offrir un second plan de cuisson et rapprocher la préparation de la source d'énergie lorsque celle-ci vient du haut (comme c'est le cas dans la majorité des fours à micro-ondes et dans les fours classiques en position gril).

Peut-on cuire en même temps sur la sole et sur l'étagère grillagée ?

Oui, mais il faut observer quelques règles ou plutôt utiliser deux ou trois « trucs ».

Théoriquement, pour cuire simultanément des aliments sur la sole et sur l'étagère, il faudrait prévoir un plus long temps de cuisson en bas qu'en haut. On peut cependant employer des temps de cuisson identiques ce qui est bien pratique pour l'organisation d'un repas , en distribuant de manière astucieuse les aliments dans le four.

S'il s'agit d'aliments identiques, placez-en deux fois plus en haut qu'en bas. Dans le cas ci-dessus, les six tomates du haut prendront sensiblement le même temps à cuire que les trois du bas.

Pour faciliter la répartition égale des ondes, décalez le plat du haut et celui du bas de façon qu'ils ne se chevauchent pas.

S'il s'agit de pizzas, de tartes ou de tout ingrédient susceptible de déborder de son plat, recouvrez l'étagère de papier sulfurisé pour protéger l'aliment du bas.

Dans le cas d'aliments identiques, une autre solution consiste à en mettre exactement la même quantité dans les deux plats et à les permuter à mi-cuisson. Pour s'assurer qu'on a bien fait passer l'assiette du bas en haut et celle du haut en bas, il suffit de marquer chacune à l'aide de petits bâtonnets de légumes.

Peut-on cuire dans le même temps une viande et un légume ?

Dans le même temps, à la seconde près, il serait exagéré de le prétendre. Mais sensiblement dans le même temps : oui !

Il faut pour cela un peu d'expérience et une habitude certaine de son four.

En cuisant ce rôti de dinde dans le haut du four et sa garniture de petits pois dans le bas, on parviendra à équilibrer les temps de cuisson. Si les petits pois étaient cuits avant la viande, il suffirait de pousser leur plat sous le rôti pour qu'ils cessent quasiment de cuire tout en se maintenant chauds. Si c'est la viande qui était cuite en premier, on n'aurait qu'à permuter les deux plats pour achever la cuisson des petits pois tout en maintenant le rôti chaud.

QUANTITÉS ET TEMPS DE CUISSON

La cuisine est une science exacte, mais où 1 + 1 ne font pas toujours 2 !

Ainsi, dans un four classique, si une pièce de viande de 1 kg cuit en 30 min, une autre de 1,8 kg ne cuira pas en 60 min, mais bien en 45 min. D'où 1 + 1 = 1,5 !

À l'inverse, au four à micro-ondes, si un morceau de 1 kg cuit en 6 min, une pièce de 2 kg ne cuira pas en 12 min, mais en 15 min.

D'où 1 + 1 = 2,5 !

Économise-t-on parfois du temps et de l'énergie en cuisant les grandes quantités en deux fournées ?

Souvent ! Surtout lorsqu'il s'agit de courtes cuissons. Cuire en deux fournées permet une cuisson plus uniforme et plus facile à surveiller et entraîne généralement un gain de temps, donc d'énergie.

Lorsqu'on cuit un plat copieux en deux fournées, la première ne se refroidit-elle pas durant que la seconde cuit ?

Certainement pas, car il s'agit souvent de temps de cuisson relativement brefs. Il faut savoir aussi que la température continue à monter dans un aliment après sa cuisson pendant toute la durée du temps de repos. Il ne se refroidit donc pas rapidement.

La cuisson de petits pois dans quatre ramequins individuels passés deux par deux aux micro-ondes est moitié plus courte que la cuisson des quatre portions dans un grand ramequin. On s'évite en outre la corvée d'avoir à remuer les petits pois à plusieurs reprises, ce qui risque de les écraser.

Réchauffer 500 g de macédoine de légumes dans une petite cocotte prendra 3 min. Mais si on en réchauffe le double dans une grande cocotte, on devra compter 9 min. On peut pratiquement cuire 1,5 kg en trois fournées dans le même temps qu'on cuit 1 kg ensemble ! De plus, la cuisson est plus uniforme en petite cocotte. Par ailleurs, rien n'empêche de commencer à manger la première fournée pendant que la seconde cuit. Les légumes seront chauds tout au long du repas.

En règle générale, il faut se souvenir qu'un four à micro-ondes n'est pas un garde-manger ! Trop chargé, il perd la plupart de ses qualités, de la même manière qu'un réfrigérateur trop rempli givre et refroidit mal.

Voici un autre bon exemple

3 pommes de terre
8 min de cuisson

3 pommes de terre
8 min de cuisson = 16 min

6 pommes de terre
20 min de cuisson

Gain de temps : 4 min

LE BLANCHIMENT DES LÉGUMES

Le four à micro-ondes est renommé pour être le complément indispensable des produits surgelés du commerce, mais on peut également s'en servir pour préparer soi-même des aliments pour la congélation.

Lorsque, en saison, le marché regorge de beaux légumes frais, à des prix avantageux, pourquoi en effet ne pas faire des réserves pour les repas d'hiver? D'autant que, avec un four à micro-ondes, blanchir des légumes n'est plus un problème.

Que signifie l'expression «blanchir» des légumes?

C'est leur donner une précuisson de courte durée, mais à température d'ébullition, qui permet de les conserver au mieux de leur état. Blanchir des aliments est une opération très simple, surtout avec un four à micro-ondes. Voici comment procéder :

Choisissez, par exemple, de belles courgettes; lavez-les et coupez-les en tranches.

Mettez-les dans un plat. Ajoutez 25 cl d'eau, mais ne salez pas.

Pourquoi ne doit-on jamais saler les légumes en début de cuisson?

On peut saler une eau de cuisson, mais pas saupoudrer un légume de sel, car le sel, qui brûle aux micro-ondes, noircirait les légumes. On doit donc toujours saler en fin de cuisson.

Enfournez à FORT jusqu'à ce que l'eau bout. (L'eau bouillira plus ou moins vite, selon la quantité de courgettes.)

Couvrez le plat et laissez reposer 3 min.

Arrêtez la cuisson en plongeant les courgettes dans de l'eau glacée.

Égouttez-les soigneusement.

Versez-les dans un sac à congélation.

Fermez le sac, étiquetez-le en indiquant la date et congelez.

QUELQUES CUISSONS COURANTES

Peut-on cuire des pâtes au four à micro-ondes ?

Beaucoup de gens craignent que les pâtes ne se dessèchent aux micro-ondes. Pourtant, pour peu que l'on sache comment procéder, on obtient facilement et très rapidement des pâtes délicieuses avec un pareil four.

La meilleure manière de faire cuire des pâtes, dans un four à micro-ondes, est de les passer à la vapeur. Prenez, par exemple, des tagliatelle ; placez-les dans un panier de cuisson et versez 25 cl d'eau salée dans le récipient du bas.

Placez le panier sur son récipient. Couvrez et passez au four réglé à FORT.

En quelques minutes, vous obtiendrez ainsi des tagliatelle tendres et savoureuses, prêtes à servir.

Comment fait-on griller du pain ?

Faire de beaux toasts au four à micro-ondes est aussi délicat que d'y réussir un gratin : le pain y grille, mais sans vraiment dorer.

Si l'on n'a pas de grille-pain, il sera vraiment impossible d'obtenir des toasts bien dorés et croustillants.

En revanche, les amateurs de toasts peu grillées seront très satisfaits du four à micro-ondes, rapide et propre.

Tartinez légèrement des tranches de pain de beurre salé.

Mettez-les sur l'étagère du four. Réglez à FORT et laissez cuire 2 à 3 min, au goût.

Vous obtiendrez des toasts bien dorés et moelleux.

LA DÉSHYDRATATION DES FINES HERBES

La saison des fines herbes ne dure guère. Hors saison, elles sont introuvables ou d'un prix excessif.

Le four à micro-ondes permet très facilement de déshydrater des aromates pour les conserver en vue des mauvais jours. Voici comment procéder :

Procurez-vous, en saison, toutes les fines herbes dont vous aurez besoin pour une année.

Placez chaque variété entre deux feuilles de papier absorbant et passez-les 5 min au four réglé à FORT.

Pulvérisez-les en les roulant simplement entre les doigts.

Conservez-les dans des pots hermétiquement fermés, pour qu'elles gardent tout leur arôme et leur saveur. N'oubliez pas d'étiqueter les pots car, une fois séchées, toutes les herbes se ressemblent.

Herbes fraîches et herbes séchées s'emploient-elles dans les mêmes proportions ?

Absolument pas ! Hélas, bien des livres de cuisine sont imprécis sur ce sujet.

Une fois séchées, les fines herbes sont un peu moins savoureuses que lorsqu'elles sont fraîches, mais la déshydratation leur confère un plus grand pouvoir aromatique.

Dans les recettes de cet ouvrage, quel type d'herbe emploie-t-on ?

Des herbes fraîches ! Il ne faut pas demander à un chef de cuisine de penser autrement que « frais » ! Néanmoins, nous savons que les herbes séchées, surtout lorsqu'on les a déshydratées à la maison dans les conditions décrites plus haut, seront d'un grand secours les jours de pénurie.

Ainsi, lorsqu'une recette demande 1 C d'herbe fraîche, il est toujours possible d'y substituer 1 c de la même herbe séchée.

Ainsi, il faut compter 1 c d'herbes séchées pour 1 C d'herbes fraîches.

LES POMMES DE TERRE ET LES ŒUFS

Quelques aliments bénéficient particulièrement de la cuisson au four à micro-ondes.

C'est le cas des pommes de terre, surtout en robe des champs, qui deviennent d'un moelleux et d'une saveur qu'aucune autre méthode ne peut égaler, même en trois fois plus de temps.

C'est aussi le cas des œufs, au plat, brouillés ou en omelette, qui cuisent en un éclair et deviennent parfaitement légers, d'une consistance presque aérienne.

Pour parvenir à une cuisson optimale, les pommes de terre et les œufs réclament cependant un petit traitement préalable…

Il faut percer délicatement le jaune des œufs avec une brochette en bois très fine.

Il faut piquer la peau des pommes de terre avec les dents d'une fourchette. Sans ces précautions, œufs et pommes de terre gonfleraient et finiraient par craqueler.

Pourquoi ne faut-il jamais passer un œuf dans sa coquille au four à micro-ondes ?

Nous nous posions également la question et, même si nous avions une petite idée de la réponse, nous avons voulu en avoir le cœur net.

Voyons plutôt :

Un œuf a été placé dans le four réglé à FORT.

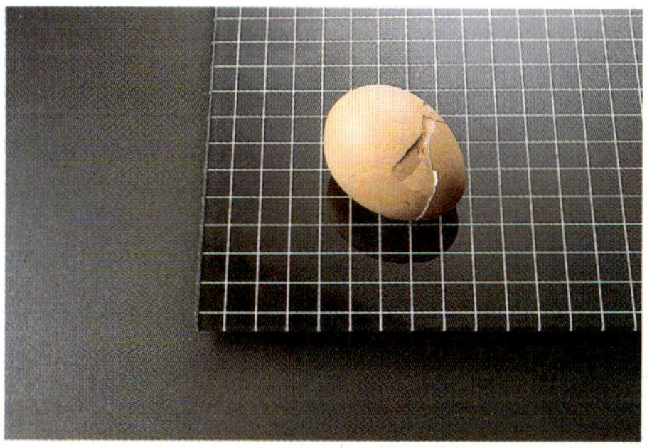

Au bout de quelques secondes, il se fendille…

Après 1 min, il éclate…

Nous insistons. Au bout de 2 min, il explose ! Les parois du four sont souillées, maculées de jaune et de blanc pulvérisés. Il faudra près d'une heure pour tout nettoyer. La curiosité n'est pas toujours récompensée !

LES POISSONS, COQUILLAGES ET CRUSTACÉS

TABLEAU DE CUISSON

ALIMENTS	POIDS	TEMPS DE CUISSON (MIN)			
		500 W	600/650 W	700 W	RÉGLAGE*
POISSONS					
Filets minces (7 mm)	500 g	5 min	4½ min	4 min	+++
Filets moyens (14 mm)	500 g	6½ min	5¾ min	5 min	+++
Filets épais (28 mm)	500 g	9 min	8 min	7 min	+++
Darnes ou tranches moyennes (14 mm)	500 g	7½ min	6½ min	6 min	+++
Darnes ou tranches épaisses (28 mm)	500 g	10 min	9 min	8 min	+++
Entiers	1 kg	15 min	13½ min	12 min	+++
COQUILLAGES					
Palourdes	6 grosses	5 min	4½ min	4 min	+++
Coquilles Saint-Jacques ou pétoncles	500 g	5 min ou 9 min	4½ min 8 min	4 min 7 min	+++ ++
CRUSTACÉS					
Crabe (pattes)	500 g	6 min	5½ min	5 min	+++
Crevettes (décortiquées)	500 g	6 min	5½ min	5 min	++
Crevettes (non décortiquées)	500 g	7 min	6½ min	6 min	++
Langoustes ou homards (queues)	500 g	6 min	5½ min	5 min	+++
Homard entier	1 kg	10 min	9 min	8 min	+++

Retournez à mi-cuisson ou au premier tiers de la cuisson pour les filets de poissons fragiles.

Laissez reposer 5min avant de consommer.

On appelle « filets » les pièces de poisson taillées dans le sens des fibres de la chair, c'est-à-dire levées parallèlement à l'arête centrale.

On appelle « darnes » les tranches de poisson taillées dans le sens contraire des fibres de la chair, c'est-à-dire coupées perpendiculairement à l'arête centrale.

Si l'on compare avec la viande, les filets ressemblent à des escalopes et les darnes à des tournedos.

* Réglage
+++ FORT
++ MOYEN
\+ FAIBLE

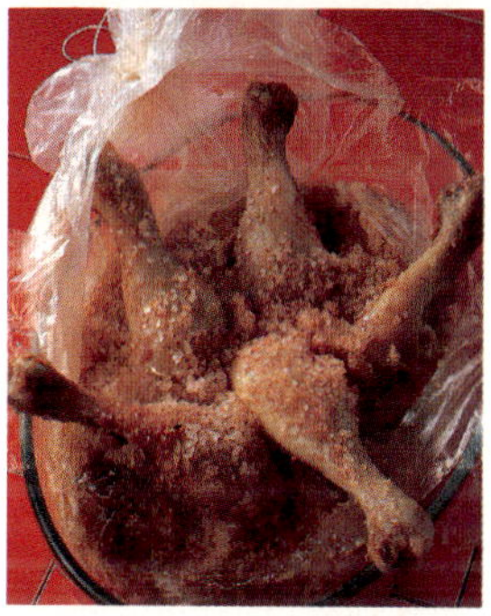

TABLEAU DE CUISSON

ALIMENTS	POIDS	TEMPS DE CUISSON (MIN) 500 W	600/650 W	700 W	RÉGLAGE*
Caille, 3 oiseaux	500 g	8 min	7½ min	7 min	+++ puis ++
Caille, 6 oiseaux	1 kg	13 min	12 min	11 min	+++ puis ++
Canard, 2 magrets, rosés	500 g	5 min	4½ min	4 min	+++
bien cuits	500 g	7 min	6½ min	6 min	+++
Canard entier	2 kg	20 min	18½ min	17 min	+++
Dinde, cuisse ou quartier	500 g	10 min	9½ min	9 min	+++
Dinde entière	500 g	16 min	15½ min	14 min	++
Poulet découpé	500 g	7 min	6½ min	6 min	+++
Poulet entier	1,5 kg	28 min	26 min	24 min	+++

Retournez plusieurs fois les volailles ou pièces de volaille durant la cuisson. Pour dorer une volaille, vous devrez avoir recours au plat et aux mélanges à brunir.

En général, les volailles gagnent à être cuites découpées au four à micro-ondes, et à pleine puissance. Les volailles entières atteignant plus de 1,5 kg seront cuites à 70 p. 100 de la puissance du four, soit à MOYEN-FORT. Les grosses volailles, comme les chapons, les dindes et les oies, qui dépassent 3 kg, devront être cuites longuement à 50 p. 100 de la puissance du four, c'est-à-dire à MOYEN.

* Réglage
+++ FORT
++ MOYEN
\+ FAIBLE

Si vous dorez une viande de longue cuisson au plat à brunir, changez de plat pour poursuivre la cuisson, car le plat à brunir consomme beaucoup d'énergie.

Ne salez jamais une viande avant de la cuire : elle se dessécherait. Vous pouvez par contre la poivrer généreusement.

Ne cuisez jamais un rôti sans le surélever, de manière qu'il ne baigne pas dans son jus de cuisson.

Utilisez pour cela un plat à claie surélevée qui permet l'écoulement du jus et de la graisse. [Il en existe un spécialement conçu pour le micro-ondes. Les Anglais l'appelle trivet, mais les Français, semble-t-il, n'ont pas encore trouvé d'équivalence pour ce mot (voir page 385).] On peut également s'en confectionner un en renversant une soucoupe au centre du plat de cuisson pour séparer le rôti de son jus.

Si vous voulez vous éviter le plus d'erreurs possible dans la cuisson de vos viandes, lisez attentivement tous les renseignements pratiques de la première partie de ce chapitre.

TABLEAU DE CUISSON

ALIMENTS	POIDS	TEMPS DE CUISSON (MIN)* 500 W	600/650 W	700 W	RÉGLAGE
BŒUF					
Viande hachée	500 g	6 min	5½ min	5 min	+++
Bifteck bleu	250 g	2½ min	2¼ min	2 min	+++
Bifteck saignant	250 g	3 min	2¾ min	2½ min	+++
Bifteck à point	250 g	3⅔ min	3¼ min	3 min	+++
Bifteck bien cuit	250 g	4½ min	4 min	3¾ min	+++
Rôti bleu	par 500 g	13 min	11 min	10½ min	++
Rôti saignant	par 500 g	16 min	13½ min	12 min	++
Rôti à point	par 500 g	18 min	15 min	13½ min	++
Rôti bien cuit	par 500 g	20 min	17 min	15½ min	++
PORC					
Bacon en tranches	250 g	5 min	4½ min	4 min	+++
Côtes	500 g	15 min	13½ min	12 min	++
Rôti	par 500 g	17 min	15 min	13 min	++
Travers	par 500 g	20 min	18 min	16 min	++
Jambon	par 500 g	13 min	12 min	11 min	++
VEAU					
Rôti	par 500 g	20 min	17 min	15 min	++
Côtes	pour 4	6 min	5 min	4 min	++
AGNEAU					
Côtelettes	pour 4	6 min	5 min	4 min	++
Gigot ou épaule, rosé	par 500 g	17 min	15 min	13 min	++
Gigot ou épaule, bien cuit	par 500 g	21 min	18 min	15½ min	++

Il faut retourner les viandes plusieurs fois en cours de cuisson (voir page 396).

Cuisez les grosses pièces de viande à mi-puissance (réglage MOYEN), surtout si vous les aimez encore rouges à l'intérieur.

N'oubliez pas que plus une viande est grasse, plus elle cuit vite. Tenez compte de ce facteur pour adapter légèrement les temps de cuisson de nos tableaux.

Souvenez-vous qu'il vaut toujours mieux cuire une viande moins que plus, la surcuisson étant irréversible. Tenez compte du temps de repos qui varie de 10 à 15 min pour les pièces de viande de bonne taille. Rappelez-vous que la cuisson se poursuit hors du four durant cette période, particulièrement si vous couvrez le plat, ce qui est souhaitable.

* Les temps indiqués valent pour les premiers 500 g ; soustrayez 2 min pour le second 500 g et 4 min pour chaque 500 g additionnel. Ainsi, pour un rôti de 2 kg que l'on désire bleu avec un four de 600/650W, il faut compter :

1ère	500 g	=	11 min
2e	500 g	=	9 min
3e	500 g	=	7 min
4e	500 g	=	7 min
	soit		34 min

Pour que vos légumes conservent couleur, fraîcheur et saveur au micro-ondes, respectez toujours les principes suivants :

- Ne salez jamais en début de cuisson, car le sel déshydrate les légumes et les rend durs. Salez plutôt en fin de cuisson.
- Cuisez les légumes dans leur eau de végétation. Ajoutez une ou deux cuillerées d'eau chaude à ceux qui n'en rendent pas ou que très peu.
- Les légumes doivent être cuits à couvert pour préserver leur teneur en humidité, qui détermine la qualité de leur texture.

TABLEAU DE CUISSON

ALIMENTS	POIDS	TEMPS DE CUISSON (MIN) 500 W	600/650 W	700 W	RÉGLAGE
Artichauts	4 moyens	9 min	8½ min	8 min	+++
Asperges	500 g	8 min	7½ min	7 min	+++
Aubergines (en cubes ou en tranches)	500 g	6 min	5½ min	5 min	+++
Betteraves (en cubes)	500 g	20 min	19 min	18 min	+++
Brocoli (en petits bouquets)	500 g	10 min	9½ min	9 min	+++
Carottes (en rondelles)	500 g	12 min	11 min	10 min	+++
Céleri-rave (émincé)	500 g	12 min	11 min	10 min	+++
Champignons (émincés)	500 g	6 min	5½ min	5 min	+++
Choux de Bruxelles	500 g	8 min	7½ min	7 min	+++
Chou-fleur (en bouquets)	500 g	10 min	9½ min	9 min	+++
Choux verts (en feuilles)	500 g	11 min	10½ min	10 min	+++
(en lamelles)	500 g	7 min	6½ min	6 min	+++
Courges et courgettes (en cubes ou en rondelles)	500 g	9 min	8½ min	8 min	+++
Endives (fendues en deux)	500 g	8 min	7½ min	7 min	+++
Épinards	500 g	8 min	7½ min	7 min	+++
Haricots de Lima	500 g	7 min	6½ min	6 min	+++
Haricots verts	500 g	10 min	9½ min	9 min	+++
Légumineuses	500 g	1 h + 30 min	1 h + 25 min	1 h + 20 min	+++ puis ++
Maïs frais	par épi	4 min	3 ¾ min	3½ min	+++
Navets (en cubes)	500 g	10 min	9½ min	9 min	+++
Oignons (émincés)	250 g	8 min	7½ min	7 min	+++
Pâtes fines (spaghetti, nouilles, etc.)	250 g	8 min	7½ min	7 min	+++
	500 g	18 min	17 min	16 min	+++
Pâtes épaisses (macaroni, cannelloni, etc.)	250 g	14 min	13 min	12 min	+++
	500 g	28 min	26 min	24 min	+++
Pâtes larges (lasagne)	500 g	16 min	15 min	14 min	+++
Petits pois	500 g	8 min	7½ min	7 min	+++
Poireaux (en lamelles)	500 g	9 min	8½ min	8 min	+++
Poivrons (émincés)	500 g	10 min	9½ min	9 min	+++
Pommes de terre pour purée (en rondelles)	500 g	7½ min	7 min	6½ min	+++
(entières)	3 moyennes	9 min	8½ min	8 min	+++
(en gratin)	500 g	12 min	11½ min	11 min	+++
Riz nature	250 g	18 min	16½ min	15 min	+++
Riz précuit	250 g	6 min	5½ min	5 min	+++
Tomates entières (4 moyennes)	500 g	5½ min	5 min	4½ min	+++

CHAMPIGNONS GOURMANDS

Portions	1	2
Réglage	+++	+++
	min	min
500 watts	4	7
600/650 watts	3½	6½
700 watts	3	6
Repos	2	3
Calories	200	
Teneur en lipides	faible (13 g)	
Plat : couvercle de cocotte en pyrex ou plat à gratin		
Ingrédients		
Gros champignons	3	6
Sauce soja	suffisamment pour badigeonner les champignons	
Échalotes hachées	1 C	2 C
Ail haché	1 c	2 c
Fines herbes hachées (persil, estragon, ciboulette, etc.)	1 C	2 C
Tomate(s) moyenne(s)	1	2
Œuf(s)	1	2
Fromage râpé	1 C	2 C
Poivre	¼ c	½ c
Sel	¼ c	½ c

Choisissez de beaux champignons avec de grands chapeaux pas trop étalés.

Retirez-en délicatement les pieds. Grattez-les et lavez-les.

Badigeonnez les chapeaux de sauce soja. Hachez les pieds.

Disposez les chapeaux en rond dans un plat à gratin et garnissez-les de farce.

Une entrée raffinée et légère qui se prépare aussi vite que poussent les champignons !

- Choisissez de beaux champignons avec de grands chapeaux pas trop étalés.
- Retirez-en les pieds délicatement.
- Lavez les chapeaux et grattez les pieds pour éliminer toute trace de sable ou de terre.
- Badigeonnez les chapeaux de sauce soja ; elle les empêchera de s'oxyder et leur permettra aussi de prendre une belle coloration dorée à la cuisson.
- Hachez les pieds de champignons, les échalotes, l'ail et les fines herbes. Concassez la pulpe des tomates.
- Préparez la farce en mélangeant les œufs, le fromage râpé, la pulpe des tomates, les échalotes, l'ail, les fines herbes, le hachis de pieds de champignons, le poivre et le sel.
- Disposez les chapeaux en rond dans un plat à gratin et garnissez-les de farce.
- Enfournez selon le tableau ci-contre.
- À mi-cuisson, égouttez les champignons de toute l'eau qu'ils auront rendue et remettez-les à cuire.

SALADE DE PALOURDES AU BACON

Portions	1	2
Réglage	+++	+++
	min	min
500 watts	5½	8½
600/650 watts	4¾	7
700 watts	4	6
Repos	3	4
Calories	375	
Teneur en lipides	moyenne (38 g)	
Plat : utilisez du papier absorbant		
Ingrédients		
Grosses palourdes	6	12
Bacon ou jambon cru en tranches moyennes	6	12
Pousses de luzerne ou cresson	50 g	100 g
Vinaigre de vin	½ C	1 C
Sel	⅛ c	¼ c
Poivre	⅛ c	¼ c
Huile d'olive	2 C	4 C
Tomate et citron pour la décoration		

Ouvrez les palourdes et détachez la chair des coquilles.

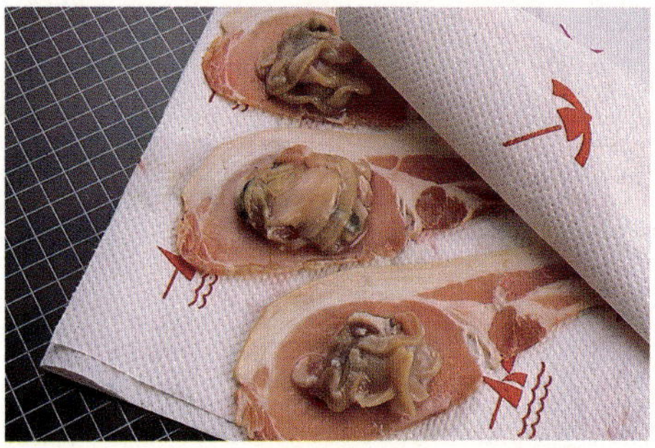

Disposez une palourde sur chaque tranche de bacon.

Préparez la vinaigrette et arrosez-en la salade de pousses de luzerne ou de cresson.

Les pousses de luzerne font une salade d'une rare délicatesse, tout comme le cresson. À défaut, utilisez une autre salade de saison.

- Ouvrez les palourdes avec la pointe d'un couteau et détachez la chair des coquilles.
- Étalez les tranches de bacon (ou le jambon cru) sur du papier absorbant et couronnez chacune d'une palourde. Recouvrez d'une feuille de papier absorbant.
- Faites cuire puis reposer selon le tableau ci-contre.
- Pendant ce temps, préparez la vinaigrette. Mélangez, puis fouettez le vinaigre, le sel, le poivre et l'huile d'olive.
- Quand les tranches de bacon aux palourdes sont cuites, dressez-les sur un lit de salade de pousses de luzerne ou de cresson, arrosée de vinaigrette.
- Décorez de tranches de tomate et de rondelles de citron et servez. Vous apprécierez le contraste entre la salade froide et le bacon aux palourdes bien chaud.

SOUFFLÉ AU JAMBON

Portions	1	2*
Réglage	+ puis ++	+ puis ++
	min	min
500 watts	20	30
600/650 watts	18	26
700 watts	17	24
Repos	aucun	aucun**
Calories		520
Teneur en lipides	assez élevée (41 g)	
Plat : ramequin	individuel	double
Ingrédients		
Jambon cuit	80 g	160 g
Œufs	2	4
Farine	2 C	4 C
Lait	2 C	4 C
Crème à fouetter	1 C	2 C
Estragon haché	1 c	2 c
Échalote hachée	1 c	2 c
Poivre	¼ c	½ c
Sel	⅛ c	¼ c
Fromage râpé	1 C	2 C

** Les soufflés cuisent infiniment mieux dans des ramequins individuels ou doubles qu'en grande quantité. Ainsi pour trois, quatre ou davantage de personnes, préparez-les par multiples d'une portion ou deux que vous cuirez en même temps. Toutefois, ne cuisez jamais plus de six portions à la fois.*
*** Pas de repos, sinon le soufflé ferait une chute vertigineuse !*

Mélangez doucement tous les ingrédients.

Ajoutez le fromage râpé. Montez les blancs en neige.

Incorporez-les au reste de la préparation avec beaucoup de délicatesse.

Ne vous désolez pas si le soufflé retombe un peu : c'est normal. Les recettes qui prétendent le contraire sont mensongères ou demandent une si grande quantité de farine que le soufflé ressemble alors à une brioche !

- Hachez le jambon très finement.
- Séparez les blancs et les jaunes des œufs.
- Délayez la farine dans le lait.
- Dans un bol, mélangez le jambon, la crème, les jaunes d'œufs, la farine délayée, l'estragon et l'échalote hachés, le poivre et le sel. Remuez doucement.
- Ajoutez le fromage râpé. Mélangez doucement.
- Montez les blancs en neige avec une pincée de sel.
- Incorporez-les au reste de la préparation avec beaucoup de délicatesse pour ne pas en altérer la texture et permettre au soufflé de gonfler.
- Versez dans le ramequin.
- Enfournez selon le tableau ci-contre, le four d'abord réglé à FAIBLE, puis à MOYEN à mi-cuisson.
- Servez aussitôt.

ASPERGES MOUSSELINE

Portions		2	4
Réglage	**asperges :**	+++	+++
	sauce :	++	++
		min	min
500 watts	**asperges :**	12	18
	sauce :	3½	5
600/650 watts	**asperges :**	11	17
	sauce :	3	4½
700 watts	**asperges :**	10	16
	sauce :	2¾	4
Repos	**asperges :**	4	6
	sauce :	aucun	aucun
Calories		320	
Teneur en lipides		assez faible (27 g)	
Plat : plat rectangulaire		1,5 L	2,5 L
et bol ou ramequin		0,5 L	1 L
Ingrédients			
Asperges		450 g	900 g
Eau chaude		5 cl	5 cl
Sel		½ c	1 c
Beurre		1 C	2 C
Jaune(s) d'œuf(s)		1	2
Jus de citron		1 c	2 c
Poivre		¼ c	½ c
Sel		¼ c	½ c
Crème		12 cl	25 cl
Moutarde forte		1 C	2 C

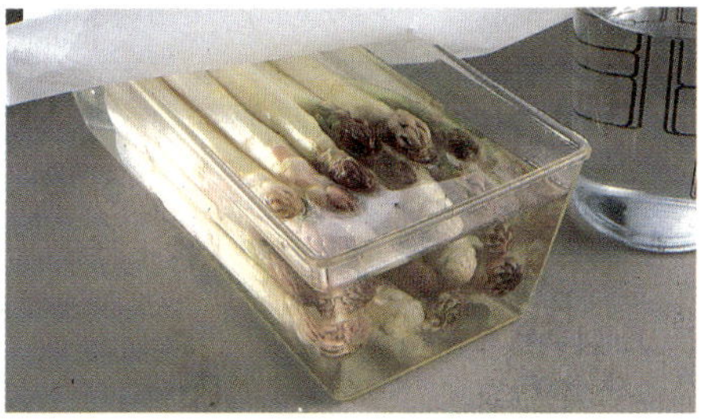

Nettoyez et parez les asperges. Mettez-les dans leur plat avec l'eau chaude et le sel.

Pour préparer la mousseline, faites fondre le beurre, puis ajoutez les jaunes d'œufs, le jus de citron et la moitié de la crème.

À mi-cuisson, ajoutez la moutarde, le reste de la crème et remuez.

Si, par mégarde, la mousseline venait à se délier, rattrapez-la en lui ajoutant 1 cuillerée d'eau tiède et en la passant au mixeur.

- Nettoyez et parez les asperges.
- Mettez-les dans leur plat avec l'eau chaude et le sel.
- Couvrez et enfournez selon le tableau ci-contre.
- Pendant le repos des asperges, préparez la sauce mousseline. Pour ce faire, faites fondre le beurre 1 min à FORT.
- Ajoutez les jaunes d'œufs légèrement battus, le jus de citron, le poivre, le sel et la moitié de la crème. Couvrez.
- Enfournez selon le tableau ci-contre.
- À mi-cuisson, ajoutez la moutarde et le reste de la crème. Remuez. Finissez la cuisson à découvert.
- Égouttez les asperges et nappez-les aussitôt de sauce mousseline.

FILETS DE POISSON AUX POIREAUX

Portions	1	2
Réglage	+++	+++
	min	min
500 watts	10	13
600/650 watts	9	12
700 watts	8½	11
Repos	5	5
Calories	320	
Teneur en lipides	faible (11 g)	
Plat : plat ovale creux ou fond avec claie à vapeur	1 L	2 L
Ingrédients		
Filets de poisson d'épaisseur moyenne	225 g	450 g
Petits poireaux	2	4
Échalotes hachées	1 C	2 C
Ail pilé	1 c	2 c
Beurre	1 c	2 c
Jus de citron	1 c	2 c
Vin blanc sec	1 C	2 C
Poivre	¼ c	½ c
Sel	¼ c	½ c
Huile	quelques gouttes pour graisser les filets	
Paprika	½ c	1 c

Dans le plat ovale, mettez les poireaux émincés, les échalotes hachées, l'ail pilé, le beurre, le jus de citron, le vin blanc, le poivre et le sel.

Enfournez les poireaux sur l'étagère et les filets en bas.

Une seconde garniture, des petits pois par exemple, sera toujours du plus agréable effet...

- Procurez-vous des filets de poisson ou levez-les comme il est indiqué en page 70.
- Les meilleurs poissons pour cette recette sont la perche, la plie, le carrelet, la sole et le merlan.
- Lavez les poireaux. Émincez-les en rondelles en n'en gardant que le blanc, le jaune et le vert tendre. Réservez la partie vert foncé pour un autre usage (pour une soupe, par exemple).
- Hachez les échalotes et écrasez l'ail.
- Dans le plat ovale, mettez les poireaux émincés, les échalotes hachées, l'ail pilé, le beurre, le jus de citron, le vin blanc, le poivre et le sel.
- Huilez les filets de poisson. Placez-les sur la claie à vapeur du plat rond et versez dans le fond 5 cl d'eau.
- Enfournez les poireaux sur l'étagère et le poisson en bas. Cuisez selon le tableau ci-contre.
- Sortez les filets 5 min avant la fin de la cuisson et laissez-les reposer le temps que les poireaux achèvent de cuire.
- Servez les filets saupoudrés de paprika sur un lit de poireaux et dégustez aussitôt.

SAUMON AUX HERBES FRAÎCHES

Portions	1	2
Réglage	+++	+++
	min	min
500 watts	5	10
600/650 watts	4½	9
700 watts	4	8
Repos	3	4
Calories	550	
Teneur en lipides	assez élevée (45 g)	
Plat : rectangulaire peu profond	20 cm x 15 cm	
Ingrédients		
Darne(s) de saumon	1	2
Fines herbes fraîches (persil, ciboulette, estragon, thym, etc.)	2 C	4 C
Crème	80 g	150 g
Jus de citron	½ C	1 C
Paprika	½ c	1 c
Poivre	¼ c	½ c
Sel	¼ c	½ c

Disposez les darnes de saumon dans le plat de cuisson.

Préparez la sauce et versez-la sur le saumon.

Recouvrez bien les darnes de sauce.

En dépit de son nom, ce saumon peut être cuisiné avec des herbes séchées, surtout si on les a soi-même déshydratées (voir page 402).

- Choisissez un beau saumon, le plus frais possible.
- Tranchez-le en darnes d'une épaisseur d'environ 3 cm.
- Disposez les darnes dans le plat de cuisson.
- Hachez les herbes.
- Mélangez la crème, les herbes hachées, le jus de citron, le paprika, le poivre et le sel.
- Versez sur les darnes, en les recouvrant bien.
- Couvrez le plat et enfournez selon le tableau ci-contre. À mi-cuisson, retournez et nappez de nouveau de sauce.
- Servez dès la fin du temps de repos.

POISSON EN PAPILLOTE

Portions	4	6
Réglage	+++	+++
	min	min
500 watts	15	20
600/650 watts	13½	18
700 watts	12	17
Repos	5	7
Calories	400 à 450 selon le poisson	
Teneur en lipides	faible (12 à 19 g)	
Plat : utilisez du papier sulfurisé		
Ingrédients		
Bar, saumon ou autre poisson entier	1 kg	1,5 kg
Huile	quelques filets	
Poivre	1 c	1½ c
Sel	1 c	1½ c
Bulbe(s) de fenouil	1	2
Tomates moyennes	2	3
Poivron	½	1
Oignons nouveaux	8	12
Citron vert	1	2
Ciboulette hachée	1 C	2 C
Persil haché	1 C	2 C
Beurre	60 g	100 g
Farine	2 C	3 C
Paprika	2 c	3 c

Huilez le poisson. Salez-en et poivrez-en l'intérieur.

Avec du papier sulfurisé, confectionnez une papillote assez grande pour le poisson.

Maniez le beurre avec la farine, le paprika, du sel et du poivre.

Tartinez le poisson de beurre manié. Refermez la papillote.

Apportez la papillote à table et ouvrez-la sous le nez de vos convives qui seront subjugués par la sublime senteur qui s'en dégagera.

- Faites préparer le poisson ou préparez-le vous-même comme il est indiqué en page 69. Huilez-le légèrement, salez et poivrez l'intérieur.
- Coupez le fenouil en tranches fines et détaillez les tomates et la lime en rondelles, puis le poivron en petits carrés. Utilisez les oignons entiers s'ils sont petits ou coupez-les en deux s'ils sont plus gros.
- Avec du papier sulfurisé, confectionnez une papillote assez grande pour le poisson.
- Mettez le poisson en papillote avec le fenouil, les tomates, le poivron, les oignons et le citron vert.
- Ajoutez la ciboulette et le persil hachés.
- Mélangez le beurre avec la farine, le paprika, du poivre et du sel. Maniez jusqu'à l'obtention d'une pommade homogène.
- Tartinez le poisson avec le beurre manié. Refermez la papillote et enfournez selon le tableau ci-contre. Retournez à mi-cuisson. Laissez reposer avant de servir.

CROQUETTES DE SOLE EN ROBE ROSE

Portions	2	4
Réglage	++	++
	min	min
500 watts	7	12
600/650 watts	6	10½
700 watts	5	9
Repos	3	5
Calories	430	
Teneur en lipides	assez faible (21 g)	
Plat : ramequin pour la sauce	individuel	double
Ingrédients		
Filets de sole	200 g	400 g
Petites crevettes décortiquées	150 g	300 g
Crème épaisse	1 C	2 C
Œufs	2	4
Farine	2 C	4 C
Crème légère	5 cl	12 cl
Sel	¼ c	½ c
Poivre	½ c	1 c
Œufs de lump rouges	2 C	4 C

Choisissez de préférence des filets de sole frais. S'ils sont congelés, faites-les décongeler comme il est expliqué en page 390.

Broyez les filets de sole et les crevettes avec la crème à fouetter. Ajoutez les jaunes d'œufs fouettés avec la farine et les blancs montés en neige.

Avec ce mélange, confectionnez des croquettes que vous déposerez sur du papier sulfurisé.

Un plat de haute cuisine, très raffiné et qui s'exécute en un tournemain !

■ Choisissez de beaux filets de sole frais. S'ils sont congelés, faites-les décongeler comme il est expliqué en page 390.

■ Passez au mélangeur les filets de sole grossièrement détaillés, les crevettes bien égouttées et la crème épaisse, jusqu'à l'obtention d'un mélange homogène.

■ Séparez les blancs des jaunes d'œufs.

■ Fouettez les jaunes avec la farine et incorporez le tout au premier mélange.

■ Montez les blancs en neige et incorporez-les également.

■ Salez, poivrez, puis réservez.

■ Pour confectionner la sauce, mélangez dans le ramequin la crème légère avec les œufs de lump, très délicatement.

■ Revenez au premier mélange et formez des croquettes à l'aide d'une cuiller.

■ Déposez-les sur du papier sulfurisé.

■ Enfournez selon le tableau ci-contre.

■ À mi-cuisson, recouvrez les croquettes de papier sulfurisé et enfournez le ramequin de sauce. Achevez la cuisson. Laissez reposer puis nappez les croquettes de leur « robe rose », c'est-à-dire de crème aux œufs de lump. Servez aussitôt.

HOMARD BAR HARBOR

Portions	2	4
Réglage	+++	+++
	min	min
500 watts	12	*
600/650 watts	11	*
700 watts	10	*
Repos	5	
Calories	300	
Teneur en lipides	assez faible (23 g)	
Plat : plat carré à gratin et bol	25 cm x 25 cm 1 L	
Ingrédients		
Homard(s) vivant(s)** de 1 kg environ	1	2
Échalotes hachées	2 C	4 C
Ail haché	1 c	2 c
Persil haché	1 C	2 C
Estragon haché	1 C	2 C
Crème à fouetter	2 C	4 C
Jus de tomate	12 cl	25 cl
Jus de citron	1 C	2 C
Vin blanc sec	2 C	4 C
Poivre de Cayenne	1/4 c	1/2 c
Paprika	1 c	2 c
Sel	1/4 c	1/2 c
Beurre	2 C	4 C

** Procédez en deux cuissons de deux portions.*
*** En France, la tradition veut que le homard soit découpé vivant. Cette pratique séculaire, si elle satisfait les puristes, paraît aujourd'hui bien cruelle. Vous pouvez donc court-bouillonner un bref instant le homard avant de le découper ou utiliser un homard congelé que vous ferez dégeler avant découpe.*

Découpez le homard. Récupérez le jus de la carapace et la partie crémeuse du coffre. Préparez tous les éléments de la sauce.

Disposez les morceaux de homard dans le plat à gratin. Versez la sauce dans le bol de cuisson.

À mi-cuisson, passez la sauce au mélangeur et versez sur le homard.

Pour une présentation originale et sophistiquée, vous pouvez décortiquer la queue et la dresser comme sur la photo ci-contre, agrémentée des pattes et du dernier anneau de la queue, un bouquet de fines herbes bien agencées faisant office de tête.

- Découpez le homard. Récupérez le jus de la carapace et la partie crémeuse. Réservez les pinces pour une autre recette.
- Mélangez ensemble tous les éléments de la sauce : échalotes, ail, persil et estragon hachés, crème, jus de tomate, jus de citron, vin blanc, poivre de Cayenne, paprika et sel.
- Malaxez le beurre avec la partie crémeuse du coffre.
- Ajoutez à la sauce avec le jus de la carapace. Remuez.
- Disposez les médaillons de homard dans le plat à gratin. Versez la sauce dans le bol et enfournez ensemble selon le tableau ci-contre.
- À mi-cuisson, passez la sauce au mélangeur. Retournez les médaillons et nappez-les de sauce.
- Remettez au four et achevez la cuisson.
- Servez dès la fin du temps de repos.

MÉDAILLONS DE VOLAILLE

Portions	2 à 3	4 à 6
Réglage	+++	+++
	min	min
500 watts	3	*
600/650 watts	2¾	*
700 watts	2⅔	*
Repos	3	
Calories	490	
Teneur en lipides	assez élevée (41 g)	
Plat : utilisez du papier sulfurisé		
Ingrédients		
Filets de poulet	125 g	250 g
Filets de canard	125 g	250 g
Chair à saucisses	125 g	250 g
Mie de pain trempée dans du lait	40 g	75 g
Farine	1 C	2 C
Poivre	¼ c	½ c
Sel	¼ c	½ c
Œuf(s)	1	2
Cacahuètes hachées ou noix de coco râpée	1 C	2 C
Graines de sésame	1 C	2 C
Airelles nature	1 C	2 C
Confiture d'ananas	1 C	2 C
Persil haché	1 C	2 C
Paprika	1 C	2 C

** Procédez en deux cuissons.*

Préparez l'appareil pour les médaillons, ainsi que tous les aromates.

Formez des médaillons d'environ 80 g chacun.

Roulez chaque médaillon dans l'un des aromates suivants : cacahuètes hachées ou noix de coco râpée, graines de sésame, airelles nature, confiture d'ananas, persil haché, paprika…

Amusants, originaux et de saveurs très variées, ces petits médaillons de volaille se servent généralement accompagnés d'une simple salade.

■ Préparez l'appareil pour les médaillons en passant ensemble au mélangeur les filets de poulet et de canard, la chair à saucisses, la mie de pain trempée, la farine, le poivre et le sel.

■ Ajoutez les œufs et continuez de mélanger.

■ Formez des médaillons de 80 g environ chacun. Comptez-en 6 pour deux ou trois personnes et 12 pour quatre à six personnes.

■ Hachez les cacahuètes et le persil.

■ Roulez chaque médaillon dans l'un des aromates suivants : cacahuètes hachées ou noix de coco râpée, graines de sésame, airelles nature, confiture d'ananas, persil haché, paprika… La liste n'est pas exhaustive ; vous pouvez donner libre cours à votre imagination.

■ Déposez les médaillons sur du papier sulfurisé, directement sur la sole du four. N'en cuisez pas plus de six à la fois. Recouvrez d'un second papier sulfurisé.

■ Enfournez selon le tableau ci-contre. Retournez à mi-cuisson. Laissez reposer avant de servir.

CUISSES DE POULET AU GROS SEL

Portions	2	4
Réglage	+++	+++
	min	min
500 watts	7	12
600/650 watts	6½	11
700 watts	6	10½
Repos	4	6
Calories	200	
Teneur en lipides	faible (10 g)	
Plat : utilisez un sac de cuisson		
Ingrédients		
Petites cuisses de poulet	4	8
Gros sel	500 g	1 kg
Paprika	50 g	100 g
Haricots verts en salade	en accompagnement	

Dans un bol, mélangez le gros sel et le paprika.

Versez ce mélange dans un sac de cuisson et ajoutez les cuisses de poulet.

Voici la recette la plus simple de ce livre, mais l'une des plus délicieuses aussi. Il est à noter que, bien que cuites dans le gros sel, les cuisses de poulet ne seront pas trop salées. Peut-être même pas assez…

■ Choisissez de petites cuisses de poulet le moins grasses possible. (Cette recette, qui se cuit sans matières grasses ne doit pas être alourdie en lipides par une viande de poulet trop grasse!)

■ Mélangez le gros sel et le paprika dans un bol.

■ Versez ce sel (devenu rosé) dans un sac de cuisson.

■ Ajoutez les cuisses de poulet.

■ Fermez le sac avec une ficelle et agitez-le pour bien enrober les cuisses.

■ Enfournez le sac, posé sur une assiette ou dans un plat à gratin, selon le tableau ci-contre.

■ Durant la cuisson, le sac gonflera. Percez-le à mi-cuisson et retournez les morceaux de poulet. Achevez la cuisson. Laissez reposer, puis débarrassez le poulet de toutes particules de gros sel. Servez accompagné d'une salade de haricots verts bien relevée en vinaigre et en ail.

CANARD RÔTI

Portions	4	6
Réglage	+++	+++
	min	min
500 watts	18	26
600/650 watts	17	25
700 watts	16	24
Repos	6	8
Calories	400	
Teneur en lipides	moyenne (30 g)	

Plat : plat à claie surélevée ou trivet (voir page 295)

Ingrédients		
Canard pas trop gras	1,8 kg	2,5 kg
Paprika	1 C	2 C
Poivre	1 c	2 c
Sauce soja	12 cl	25 cl
Jardinière de légumes	en accompagnement	

Incisez la peau du canard pour que la graisse puisse s'écouler durant la cuisson.

À l'aide d'un pinceau de cuisine, badigeonnez le canard de la sauce qui l'aidera à dorer tout en l'assaisonnant.

Mettez le canard à cuire sur un trivet ou tout système l'empêchant de baigner dans la graisse qu'il rend en cuisant.

Les amateurs de canard rosé doivent réduire les temps de cuisson de 5 minutes.

- Choisissez un canard pas trop gras.
- Avec un couteau pointu, ménagez de petites fentes sur toute la surface de la peau. La graisse pourra s'écouler par ces entailles pendant la cuisson, ce qui rendra le canard plus digestible et plus savoureux.
- Mélangez le paprika et le poivre avec la sauce soja.
- Badigeonnez tout le canard de ce mélange qui l'aidera à dorer tout en l'assaisonnant.
- Placez le canard sur un plat à claie surélevée pour empêcher le canard de baigner dans sa graisse. Une assiette posée à l'envers dans un plat produit sensiblement le même résultat.
- Enfournez selon le tableau ci-contre. À mi-cuisson, retournez le canard pour qu'il dore uniformément.
- Vous pouvez également le couper en deux pour en accélérer la cuisson. La présentation, cependant, sera moins esthétique.
- Laissez reposer le canard et servez-le accompagné d'une jardinière de légumes aux olives noires et à l'estragon. Le fin du fin consiste à découper le canard à table, pour faire saliver les convives !

BŒUF CHOP SUEY

Portions	2	4
Réglage	+++	+++
	min	min
500 watts	6	10
600/650 watts	5½	9½
700 watts	5	9
Repos	3	4
Calories	320	
Teneur en lipides	faible (14 g)	
Plat : plat rond de cuisson	1 L	2 L
Ingrédients		
Filet de bœuf	250 g	500 g
Poivron rouge de taille moyenne	½	1
Poivron vert de taille moyenne	½	1
Pousses de bambou égouttées	40 g	70 g
Haricots verts	25 g	60 g
Ail haché	1 c	2 c
Persil haché	1 C	2 C
Ciboulette hachée	1 c	2 c
Germes de soja	50 g	100 g
Jus de citron	1 c	2 c
Sauce soja	2 C	4 C
Sucre en poudre	1 c	2 c
Gingembre en poudre	½ c	1 c
Poivre de Cayenne	⅛ c	¼ c
Sel	¼ c	½ c

Choisissez un beau morceau de filet de bœuf et des légumes bien frais.

Émincez la viande en lamelles.

Découpez les légumes en petits morceaux. Hachez ail, persil et ciboulette.

Aux deux tiers de la cuisson, ajoutez les lamelles de viande. Remuez et arrosez avec la sauce.

Un succulent plat chinois que l'on ne peut pas rater au four à micro-ondes.

- Choisissez un beau morceau de filet de bœuf et des légumes bien frais.
- Émincez la viande en lamelles de la dimension d'une frite.
- Découpez les poivrons en petits carrés, de même que les pousses de bambou. Taillez les haricots verts en petits tronçons. Hachez ail, persil et ciboulette.
- Dans le plat, mettez tous les légumes, ainsi que l'ail haché, le persil haché et la ciboulette. Versez le jus de citron et le soja, puis ajoutez le sucre, le gingembre, le poivre de Cayenne et le sel. Mélangez.
- Couvrez et enfournez selon le tableau ci-contre.
- Aux deux tiers de la cuisson, découvrez et ajoutez les lamelles de viande. Arrosez de sauce. Remuez et achevez la cuisson.
- Servez dès la fin du temps de repos avec un bol de riz nature.

COURGETTES GRATINÉES

Portions	1	2
Réglage	+++	+++
	min	min
500 watts	5 + 4	7 + 4
600/650 watts	5 + 3¾	7 + 3¾
700 watts	5 + 3½	7 + 3½
Repos	1	2
Calories	210	
Teneur en lipides	faible (12 g)	

Plat : plat grillagé pour cuisson à la vapeur (voir page 385), assiette ou plat en plastique

Ingrédients		
Courgettes blanchies et coupées en tranches fines	150 g	300 g
Poivron rouge haché	2 C	4 C
Fromage râpé ou haché	3 C	6 C
Poivre	¼ c	½ c
Sel	¼ c	½ c
Tomate(s) cerise(s) pour la décoration (facultatif)	1	2

Blanchissez les courgettes comme il est indiqué à la page 400.

Faites cuire les tranches de courgettes à la vapeur dans le four à micro-ondes. Hachez finement le fromage et le poivron vert.

Quand les courgettes sont cuites, parsemez-les de fromage et de poivron, puis enfournez de nouveau pour les gratiner.

Simple, savoureux, raffiné et original, ce petit gratin accompagne parfaitement la volaille ou tout autre viande blanche, de même que le poisson.

■ Blanchissez des courgettes comme il est indiqué à la page 400. Si elles sont fraîches, tranchez-les finement sans les peler et ajoutez 1 min au premier temps de cuisson.

■ Disposez les tranches de courgettes sur la partie grillagée du plat de cuisson et versez 5 cl d'eau dans la partie inférieure. Couvrez et enfournez selon le premier temps indiqué au tableau ci-contre.

■ Pendant la cuisson des courgettes, hachez le poivron rouge en très petits cubes, de même que le fromage, à moins que vous n'utilisiez du fromage râpé.

■ Quand les courgettes sont cuites, laissez-les reposer, puis disposez-les sur l'assiette ou dans le plat, selon le nombre de portions préparées.

■ Parsemez de fromage et décorez avec le poivron rouge. Enfournez pour le second temps indiqué au tableau ci-contre.

■ Défournez, salez et poivrez, puis servez aussitôt. (Vous pouvez parachever la décoration en plaçant une tomate cerise au centre de chaque assiette.)

CONSEILS POUR LA PRÉPARATION DES DESSERTS

Le four à micro-ondes est un instrument de gourmands, car il permet de réussir presque à tous coups la plupart des desserts et pâtisseries.

Dans un tel four, les fruits conservent leur couleur, leur saveur et leur texture ; les entremets deviennent moelleux et s'exécutent en un éclair ; les gâteaux sont uniformément cuits et les tartes croustillantes ; les crèmes ne tournent pas et le chocolat ne brûle jamais…

Il est évidemment impossible de dresser un tableau exact des temps de cuisson des desserts, car ils sont tellement nombreux et variés et demandent une si grande précision qu'il existe presque autant de temps de cuisson que de recettes.

Mentionnons toutefois que la plupart de vos recettes personnelles ou familiales et, en règle générale, toutes les recettes de votre répertoire pâtissier peuvent être réalisées avec avantage dans un four à micro-ondes, et cela, sans que le déroulement de celles-ci n'en soit vraiment modifié.

Vous gagnerez du temps car les desserts mettent en moyenne deux à trois fois moins de temps à cuire au micro-ondes que par les méthodes classiques.

Sachez en bref :

- Que les mousses, les crèmes et tous les entremets contenant de la crème ou des œufs doivent cuire à mi-puissance (MOYEN).
- Que leur cuisson sera toujours brève (de l'ordre de quelques minutes et, parfois, d'une « poignée » de secondes !).
- Qu'il faut les remuer plusieurs fois en cours de cuisson.
- Qu'il vaut toujours mieux préparer les entremets et même les pâtisseries en portions individuelles qu'en grosse quantité.
- Que le four à micro-ondes permet de réchauffer des sauces (crème anglaise, par exemple) sans trop de risques de les voir tourner.
- Qu'il vous faudra, comme pour toutes les autres cuissons aux micro-ondes, masquer la pâleur des tartes et des gâteaux par des décors appropriés.
- Que la sous-cuisson n'est jamais grave, mais que la surcuisson est catastrophique.
- Que le micro-ondes se prête également à l'élaboration de boissons et cocktails chauds (grogs), ainsi qu'à la confection de confitures.

Les desserts étant par définition sucrés, nous avons jugé bon de communiquer, en plus des calories et des lipides, la teneur de chaque portion en glucides.

LA SAUCE AU CHOCOLAT

La sauce au chocolat est certainement l'une des préparation de base les plus fréquemment employées dans la confection des desserts maison.

Il n'est guère que quelques hépathiques endurcis pour ne pas aimer sa fine saveur et son délicat velouté ! Sur les gâteaux et les entremets, les glaces ou les fruits, la sauce au chocolat trouve toujours délicieusement sa place.

Le four à micro-ondes permet de la réaliser rapidement, facilement et proprement. Grâce à celui-ci, finies les casseroles qu'il faut frotter pendant des heures et les éclaboussures de chocolat fondu sur les murs de la cuisine ! Tout reste net et propre, et le bol de plastique qui a servi à la préparation peut être nettoyé sous le robinet d'eau chaude, d'un simple jet.

Il existe de nombreuses variantes de la sauce au chocolat et chacun possède ses petits secrets. Selon son utilisation, on la fera plus ou moins liquide, plus ou moins sucrée, plus ou moins riche, etc. En fait, toutes vos recettes peuvent être adaptées au four à micro-ondes !

En voici néanmoins une, particulièrement raffinée, qui convient à toutes les situations, puisque pour l'alléger ou la liquéfier il suffit de lui rajouter de l'eau et de la réchauffer !

pour 1 L de sauce :

2	**tablettes de chocolat noir à croquer**
36 cl	**tasse d'eau**
12 cl	**tasse de crème à fouetter**
100 g	**de beurre**
1/4 c	**de sel**

Faites chauffer l'eau 3 min dans un bol avec le sel. Pendant ce temps, cassez le chocolat en petits carrés que vous mettrez dans un bol de cuisson de 3 L.

Versez un tiers de l'eau chaude, soit 12 cl, sur les carrés de chocolat et enfournez à FORT pendant :

	min
500 watts	**4**
600/650 watts	**3 1/2**
700 watts	**3**

À ce stade, le chocolat ne sera que partiellement fondu. Réservez-le. Mélangez la crème et le beurre dans un bol et enfournez à MOYEN pendant :

	min
500 watts	**3**
600/650 watts	**2 3/4**
700 watts	**2 1/2**

Versez ensuite le mélange beurre-crème dans le chocolat.

Fouettez vigoureusement.

Ajoutez le reste de l'eau ; elle devrait être tiède et c'est précisément la température qui convient le mieux. De l'eau froide ne se mélangerait pas bien avec le chocolat et de l'eau bouillante pourrait provoquer la formation de grumeaux.

Fouettez de nouveau puis enfournez à FORT pendant :

	min
500 watts	**2 1/4**
600/650 watts	**2**
700 watts	**1 5/8**

en remuant à mi-cuisson.

Laissez reposer 3 min. Fouettez une dernière fois. La sauce au chocolat est maintenant parfaitement onctueuse.

POIRES AU CHOCOLAT

Portions	1	2
Réglage	+++	+++
	min	min
500 watts	5	8
600/650 watts	4¾	7½
700 watts	4½	7
Repos	2	3
Calories	340	
Teneur en lipides	assez faible (15 g)	
Teneur en glucides	assez faible (40 g)	
Plat : plat peu profond	0,5 L	1 L
Ingrédients		
Poire(s)	1	2
Sauce au chocolat	5 cl	12 cl
Citron	½	1

Choisissez de belles poires fraîches, juteuses et sucrées. Pelez-les en utilisant un couteau économe.

À l'aide d'un vide-pomme, retirez-en le trognon sans enlever la queue.

Préparez la sauce au chocolat selon la recette de la page 433.

Il va sans dire que, sur le même modèle, vous pouvez préparer des pêches au chocolat, des abricots, des pommes, des mangues ou tout autre fruit de votre goût !

- Choisissez de belles poires fraîches, juteuses et sucrées.
- Pelez-les en utilisant de préférence un couteau économe.
- Au fur et à mesure que vous les pelez, citronnez-les pour les empêcher de brunir.
- À l'aide d'un vide-pomme, retirez-en le trognon sans pour autant arracher la queue, qui constituera un plaisant élément de décoration.
- Préparez la sauce au chocolat selon la recette de la page 433.
- Disposez les poires dans le plat. Ajoutez de l'eau, si possible déjà chaude, sur environ 15 mm.
- Enfournez selon le tableau ci-contre.
- Après le temps de repos, dressez chaque poire sur une assiette à dessert et nappez de sauce au chocolat chaude.
- Régalez-vous sans plus tarder.

COURONNE DE FRAISES

Portions	4	6
Réglage	+++	+++
	min	min
500 watts	15	22
600/650 watts	14½	21
700 watts	14	20
Repos	*	*
Calories	530	
Teneur en lipides	assez faible (16 g)	
Teneur en glucides	assez élevée (85 g)	
Plat : plat rond peu profond	10 cm	25 cm
Ingrédients		
Fraises	450 g	675 g
Feuilles de gélatine**	4	6
Brioche émiettée	100 g	150 g
Blancs d'œufs	2	3
Fromage blanc	50 g	75 g
Cassonade en poudre	55 g	80 g

* *Jusqu'à refroidissement complet.*
** *1 feuille de gélatine = 1 c de gélatine en granules.*

Équeutez et lavez les fraises. Faites fondre la gélatine comme il est indiqué en page 399.

Émiettez la brioche. Montez les blancs d'œufs en neige.

Au centre du plat de cuisson, disposez un verre pour que le gâteau, une fois cuit, ait l'aspect d'une couronne.

Ce dessert est la synthèse du gâteau familial et de l'entremets sophistiqué…

- Équeutez et lavez les fraises.
- Faites fondre la gélatine dans un peu d'eau, comme il est indiqué en page 399.
- Émiettez la brioche.
- Montez les blancs d'œufs en neige.
- Réduisez les fraises au mélangeur en une purée pas trop fine.
- Mélangez-la avec le fromage blanc, la brioche émiettée, la cassonade en poudre, les blancs d'œufs en neige et la gélatine fondue.
- Fouettez vigoureusement pour bien mêler.
- Au centre du plat de cuisson, disposez un verre pour que le gâteau, une fois cuit, ait l'aspect d'une couronne.
- Versez la préparation dans le plat. Couvrez et enfournez selon le tableau ci-contre.
- Laisser refroidir et servez nappé d'un coulis de fruits rouges (voir page 355).

RAMOLLIR LES GLACES

Nous l'avons déjà dit, le four à micro-ondes est le complément le plus direct du congélateur.

Inutile de rappeler les multiples occasions où il permet de décongeler un produit ou un plat cuisiné, puis de le cuire parfaitement sans plus de manipulations.

Parmi les innombrables utilisations du four à micro-ondes, en voici une qui n'est sans doute pas très connue, mais certainement inattendue…

Vous sortez, par exemple, un sorbet à la fraise de votre congélateur…

Vos convives attendent le dessert, tandis que vous essayez de tourner quelques belles boules… Hélas ! C'est une catastrophe car le sorbet, trop dur et froid, s'effrite !

Placez alors le bac à sorbet ou à glace dans le four à micro-ondes réglé à MOYEN pendant :

	min
500 watts	**$1\frac{1}{2}$**
600/650 watts	**$1\frac{1}{4}$**
700 watts	**1**

Avec une cuiller à mouler, préparez aussitôt de magnifiques boules…

Attention… servez rapidement sinon la glace ramollirait à l'excès.

… onctueuses, moelleuses et fondantes !

INDEX

** recette micro-ondes*

** recette micro-ondes*

---

* *recette micro-ondes*

---

* *recette micro-ondes*

** recette micro-ondes*

---

* *recette micro-ondes*

** recette micro-ondes*

** recette micro-ondes*

** recette micro-ondes*

LA CUISINE AUX MICRO-ONDES

Recettes